OCRES

EYROLLES

Sienne brûlée

Hématite

Rouge foncé

Abricot

Sienne naturelle

Jaune foncé

Jaune citron

Jaune clair

Conception graphique : Maryline Le Roy
Illustrations : Frédérique Chaleux
Photographies : Philippe Durand Gerzaguet

Carnets de couleur est une collection à l'initiative d'ôkhra, Conservatoire des ocres et de la couleur, réalisée en collaboration avec Culture Couleur, avec le soutien de l'Union européenne, de la région PACA et du département du Vaucluse.

www.okhra.com

Usine Mathieu, 84220 Roussillon

Groupe Eyrolles
61, Bd Saint-Germain, 75240 Paris cedex 05

Dépôt légal : juin 2013 - N° d'éditeur : 9012 - Imprimé en Espagne

L'ocre
est la compagne
de l'homme depuis l'aube
de l'humanité. Quand il a voulu
inscrire sa vision du monde sur le
mur de sa caverne, c'est avec sa main
trempée dans l'ocre qu'il l'a fait.
À la fois matière, couleur, paysage, l'ocre
a de nombreux visages, de nombreux
récits. Ce petit carnet vous emmène
dans l'Histoire et les histoires
de l'ocre. Tournez la page
pour plonger dans la
couleur…

la légende de Dame Sirmonde

Il y a fort longtemps, dans un château surplombant le village de Roussillon, vivaient le Seigneur Raymond et sa belle épouse, Dame Sirmonde. Chaque jour, le Seigneur Raymond s'adonnait à sa passion, la chasse, laissant Dame Sirmonde seule au château. Celle-ci s'ennuyait terriblement lorsqu'un jeune et beau troubadour se présenta : Guillaume de Cabestaing. Lui, passait ses journées à chanter et conter pour divertir Dame Sirmonde.

Et ce qui devait arriver finit par se produire : le jeune troubadour et la belle Dame Sirmonde tombèrent amoureux. Ils vécurent un amour secret et heureux jusqu'au jour où le Seigneur Raymond découvrit cette tromperie.

En fin stratège, il invita Guillaume de Cabestaing à une partie de chasse. Le jeune troubadour accepta sans se douter un seul instant qu'il était le gibier de la journée. Le Seigneur Raymond

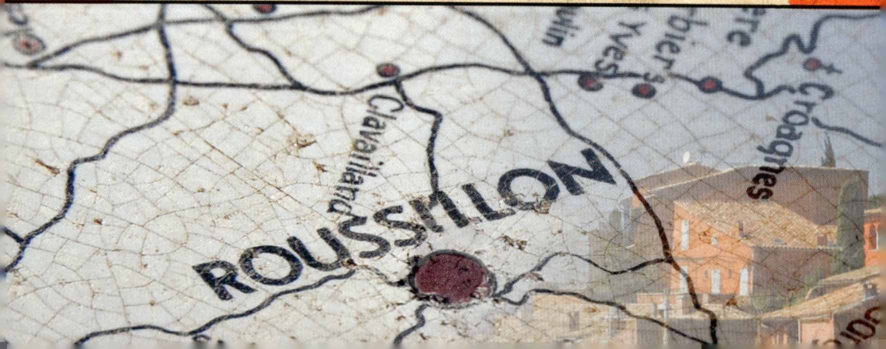

tua ainsi Guillaume de Cabestaing. Il lui arracha le cœur qu'il ramena au château et demanda à son cuisinier de préparer le plat préféré de Dame Sirmonde.

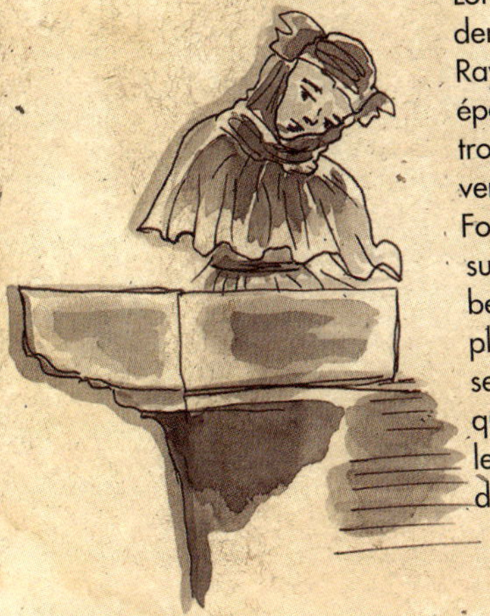

Lorsqu'elle en eut mangé la dernière bouchée, le Seigneur Raymond annonça à son épouse que son jeune et beau troubadour était mort et qu'elle venait d'en déguster le cœur… Folle de douleur et ne pouvant supporter cette nouvelle, la belle Sirmonde monta dans la plus haute tour du château et se jeta par la fenêtre. On dit que c'est son sang qui donna leur couleur aux terres ocrées du village de Roussillon.

À Roussillon, en Vaucluse, si les façades sont jaunes, orange et rouges, c'est parce que les habitants ont construit leurs maisons avec le sable dont ils disposaient : les sables ocreux très colorés.

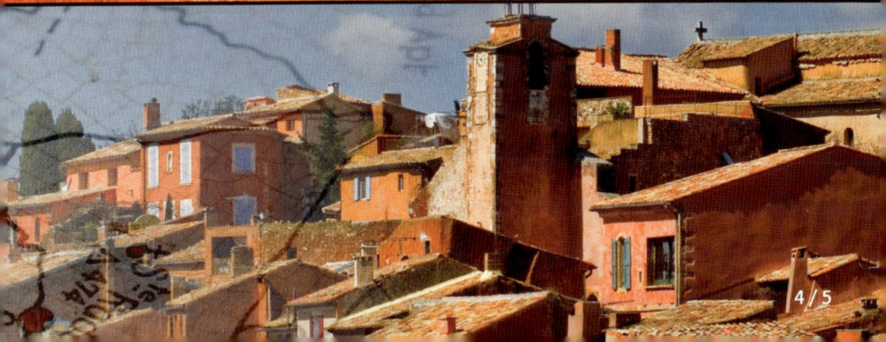

Un paysage naturel

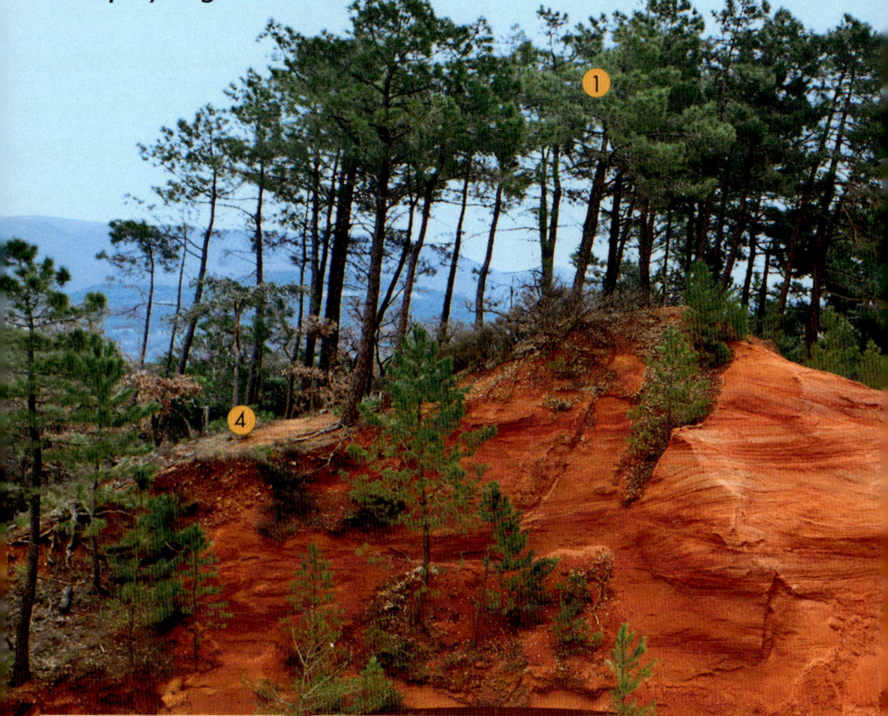

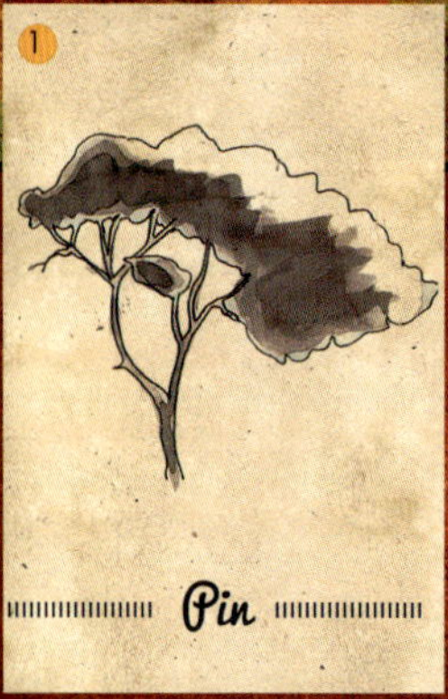

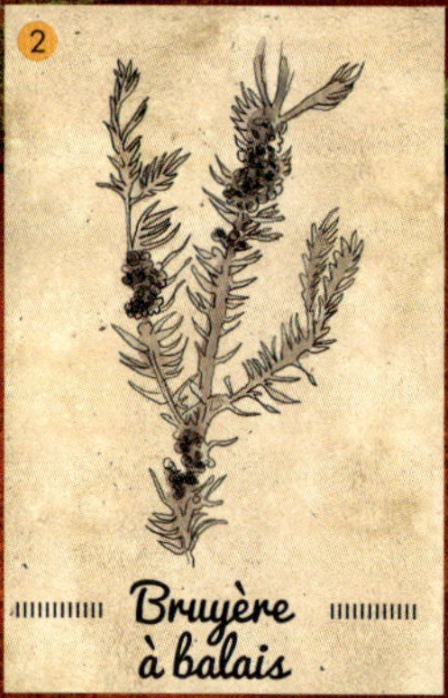

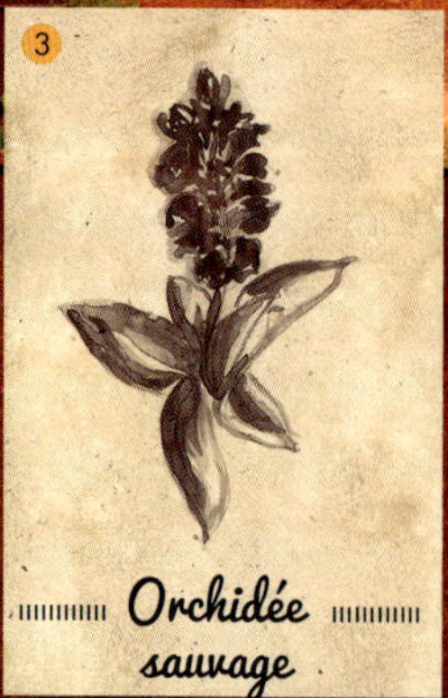

[illegible] sol par [illegible] sont, sans conteste, ces immenses galeries transformées en champignonnières dans les années 1960 et désormais ouvertes à la visite.

[illegible] poudre noire pour les besoins de l'industrie du XIXe siècle, les falaises peuvent atteindre 35 mètres de hauteur.

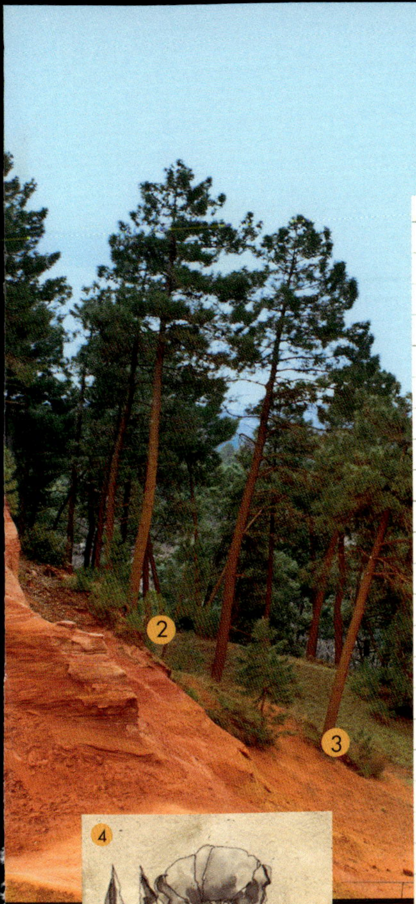

Le sol composé d'argile et de sable permet à plusieurs espèces de cohabiter.

1 De grands arbres

Toutes sont des espèces pionnières autrefois favorisées par l'intervention humaine. Les chênes originels ainsi qu'une variété locale de pins maritimes couvrent désormais des surfaces discontinues. Peupliers blancs et châtaigniers sont davantage épars dans les zones plus fraîches.

2 Bruyères, genêts et fougères

En sous-bois, les bruyères et genêts ainsi que la fougère aigle se partagent les éléments nutritifs des sols les plus humides.

3 Orchidées sauvages

Sur ce sol fertile, au climat favorable, 26 espèces d'orchidées ont été recensées. Elles sont d'ailleurs protégées.

4 Cistes

En terrain découvert, la flore du maquis parfume les douces soirées d'été. Les bruyères sont associées à plusieurs variétés de cistes : ciste à feuilles de sauge, ciste de Montpellier et ciste à feuilles de laurier, par ailleurs rare dans la Provence calcaire.

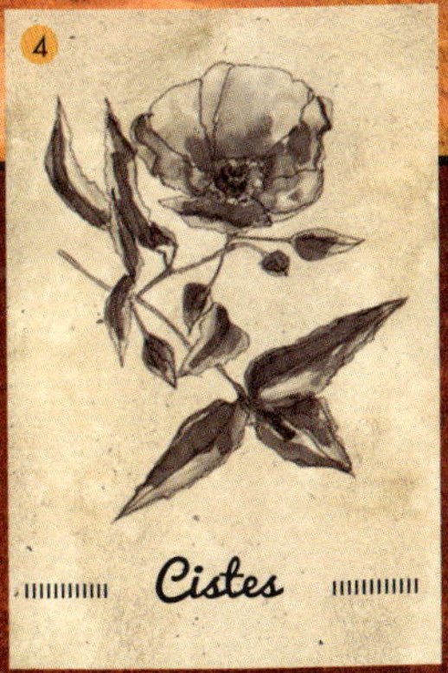

L'ocre, à quoi ça sert ?

D'hier à aujourd'hui, de la Préhistoire au XXIe siècle, l'ocre accompagne l'homme. Ses usages varient en fonction des époques et des civilisations mais son abondance, ses propriétés de couleur, de finesse, d'inaltérabilité et de non-toxicité font de cette ressource naturelle un produit toujours d'actualité.

Un matériau technologique
Produit fini pour les ocriers, l'ocre a été pendant près de deux siècles un matériau performant entrant dans la composition de nombreux produits industriels et manufacturés en tant que charge colorante. Il fut ainsi plusieurs fois récompensé lors des expositions universelles du XIXe siècle.

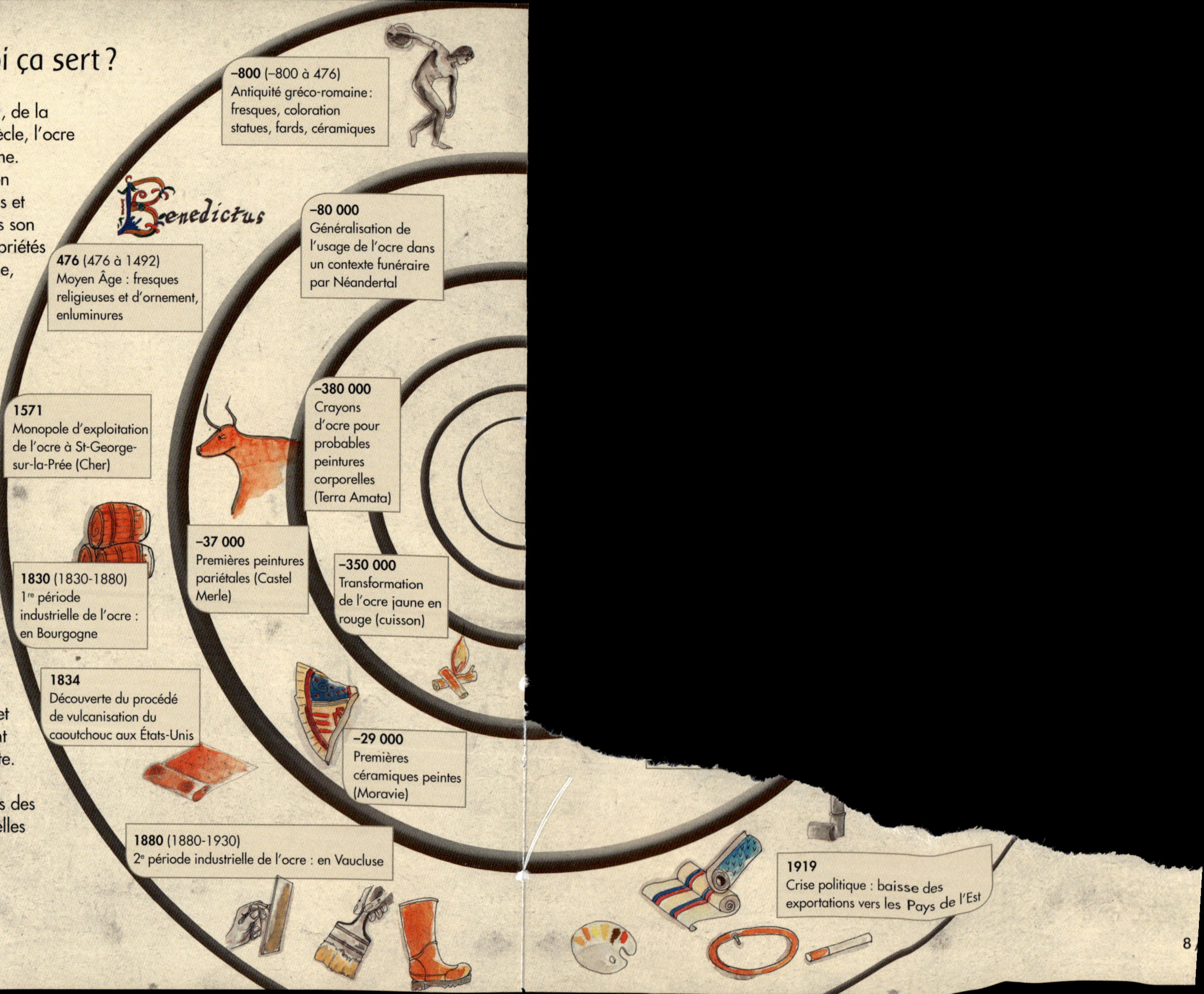

−100 000
Présence d'ocre attestée dans une sépulture (Qafzeh)

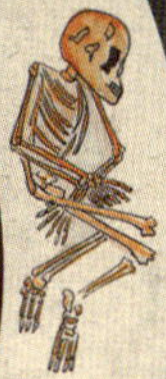

−25 000
Premières sculptures peintes (vénus préhistoriques)

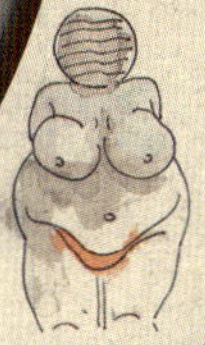

−3 000
Utilisation d'ocre en décor architectural (Irak, Égypte…)

−2 500 (−3150 à −332)
Antiquités égyptiennes : écriture, peintures, tombes, cosmétiques, cuirs et tissus, médicaments

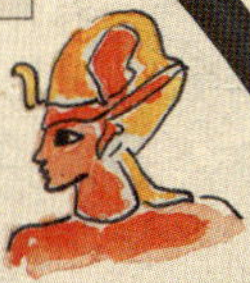

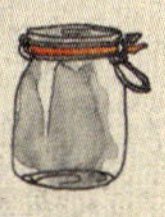

1925
Crise technique : synthèse de l'ocre

1929
Crise économique : apogée de l'industrie en Vaucluse et début du déclin

Après-guerre
Généralisation des produits de synthèse

Aujourd'hui
1 500 tonnes d'ocre par an, usages exclusifs dans les peintures et enduits artisanaux

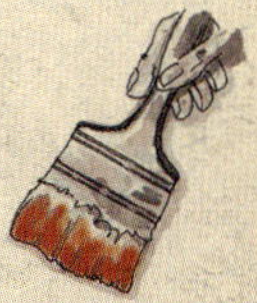

Demain
Après un usage artisanal et artistique continu depuis la Préhistoire, un usage industriel dont le sommet se situe entre 1830 et 1930, la troisième vie de l'ocre est à construire, liée à une demande sociale de produits connus et reconnus comme sains. L'ocre pourrait-elle être associée à la coloration alimentaire ? à la fabrication de peintures industrielles naturelles ? aux produits cosmétiques ? Des recherches sont déjà en cours…

Un paysage industriel

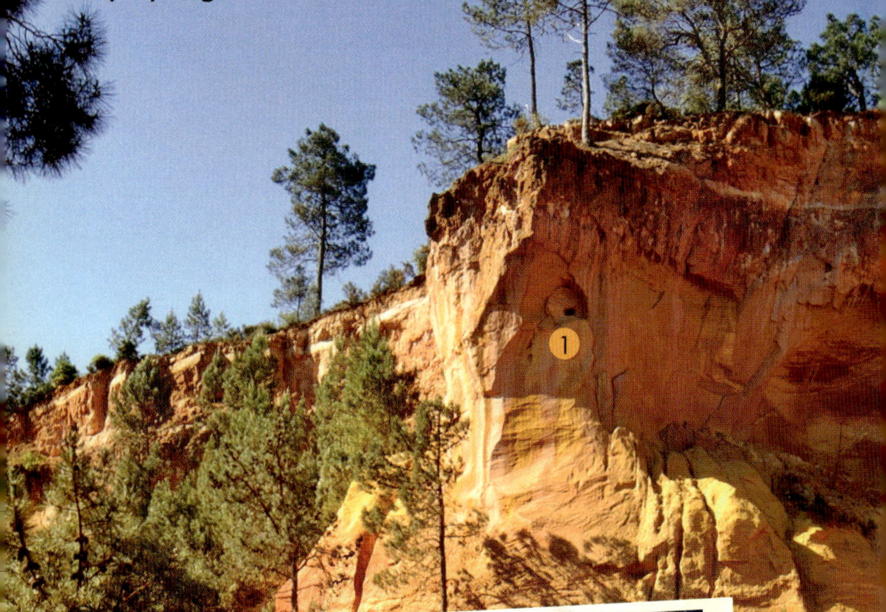

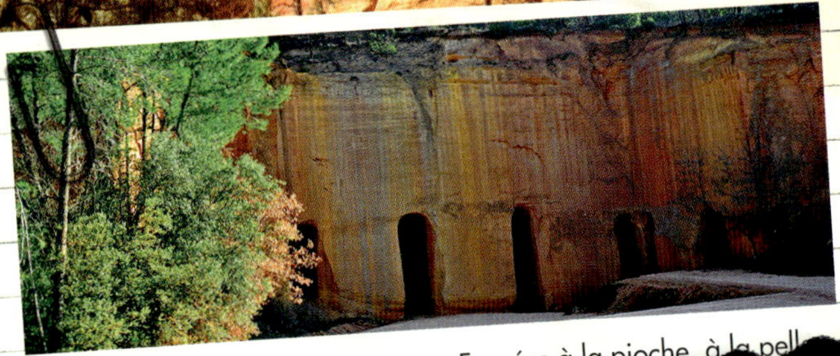

Des falaises abruptes
Les traces les plus specta-
culaires laissées dans le sol
l'industrie de l'oc

Forgées à la pioche, à la pell
et à la

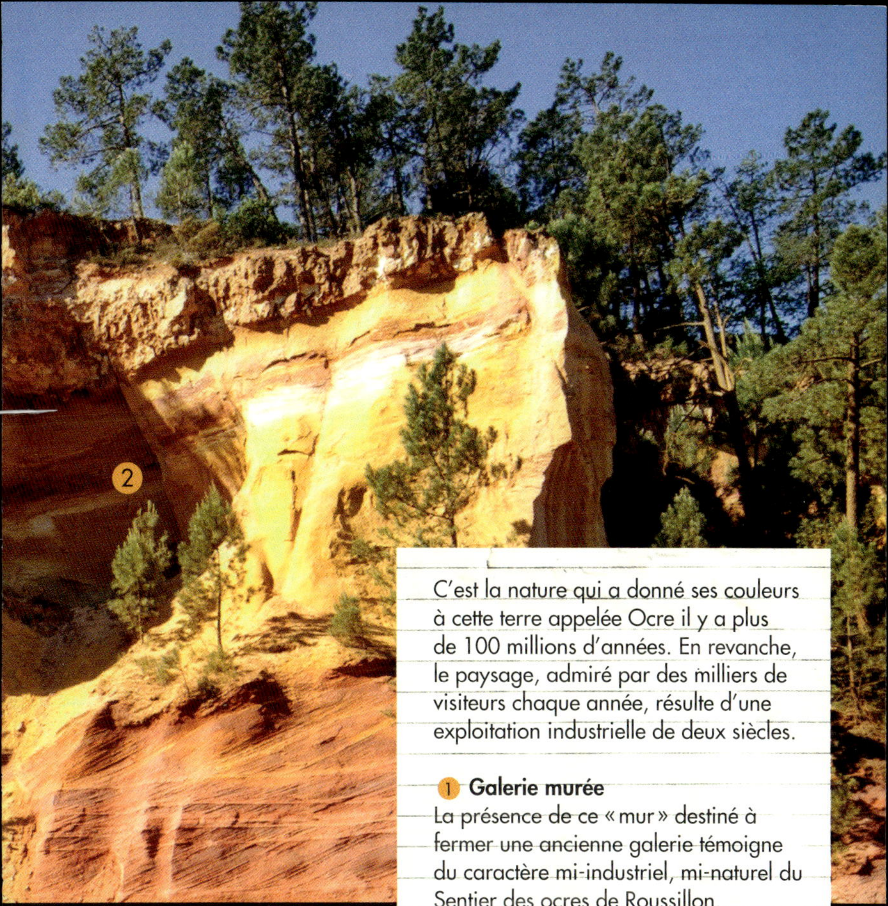

C'est la nature qui a donné ses couleurs à cette terre appelée Ocre il y a plus de 100 millions d'années. En revanche, le paysage, admiré par des milliers de visiteurs chaque année, résulte d'une exploitation industrielle de deux siècles.

1 Galerie murée
La présence de ce « mur » destiné à fermer une ancienne galerie témoigne du caractère mi-industriel, mi-naturel du Sentier des ocres de Roussillon.

2 Effondrement d'un pan de falaise
Composée d'argile, les falaises taillées il y a plus de 100 ans, finissent par s'effondrer par pans entiers sous l'effet de l'érosion naturelle et humaine.

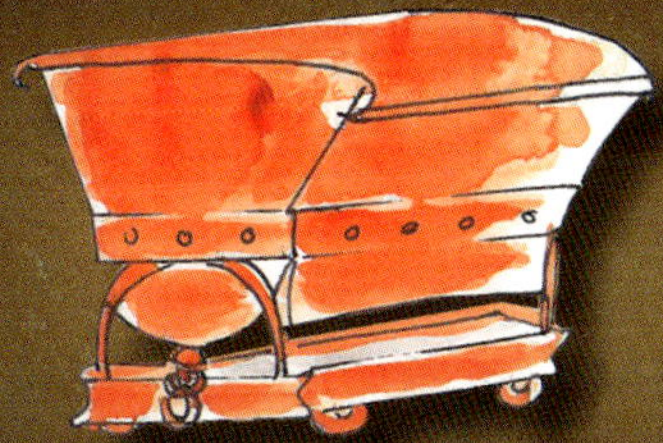

Les ocres et les terres dans le monde

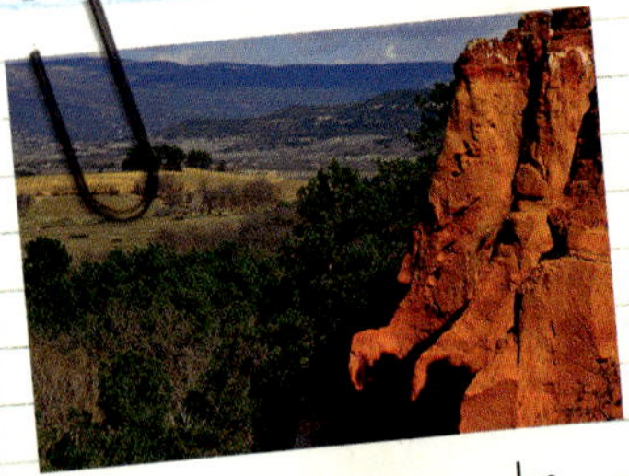

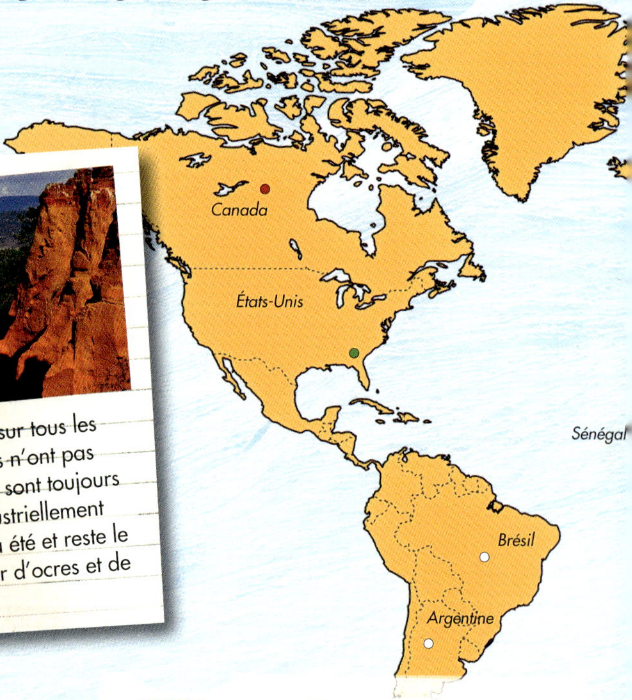

Bien que présentes sur tous les continents, les ocres n'ont pas été exploitées et ne sont toujours pas exploitées industriellement partout. L'Europe a été et reste le premier producteur d'ocres et de terres colorantes.

Zoom sur l'Europe

Depuis le XIXe siècle, la France, l'Italie, Chypre et l'Espagne du Nord sont les premiers producteurs d'ocres au monde.

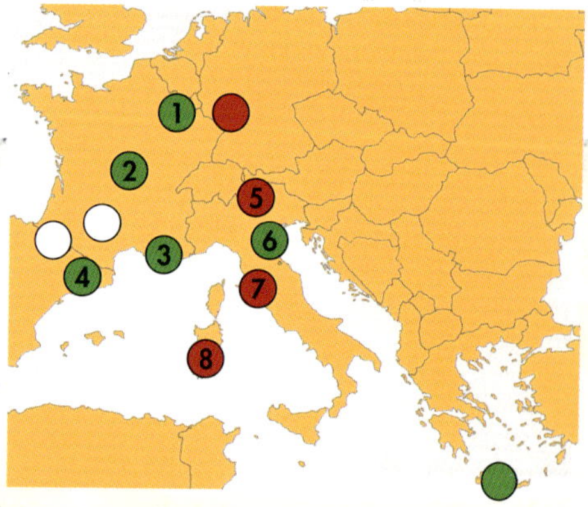

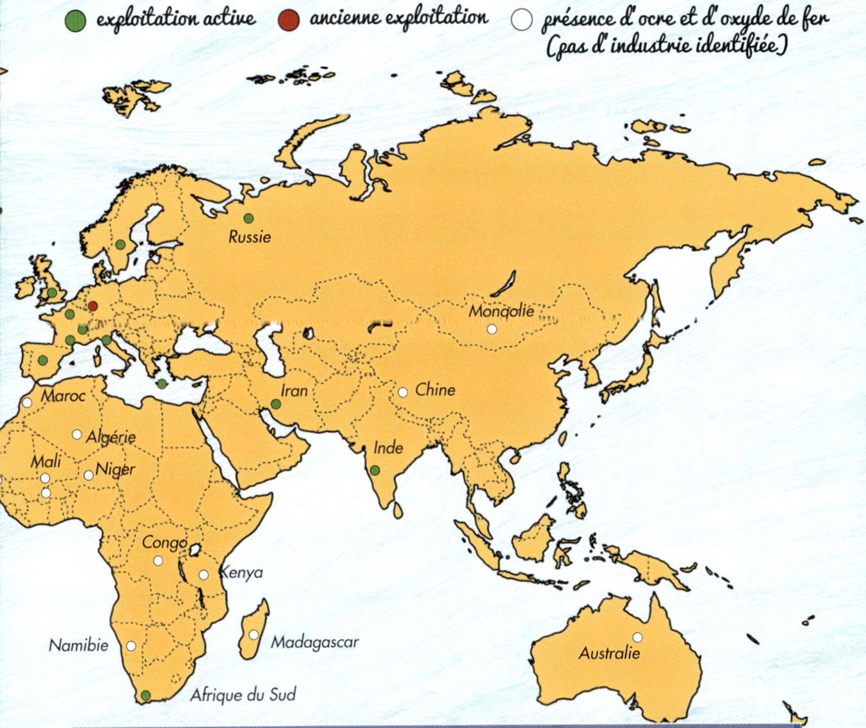

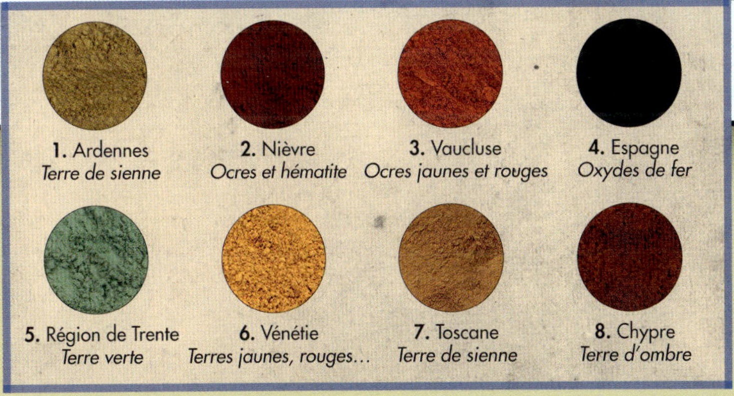

1. Ardennes
Terre de sienne

2. Nièvre
Ocres et hématite

3. Vaucluse
Ocres jaunes et rouges

4. Espagne
Oxydes de fer

5. Région de Trente
Terre verte

6. Vénétie
Terres jaunes, rouges…

7. Toscane
Terre de sienne

8. Chypre
Terre d'ombre

Les pigments naturels : ocres et terres

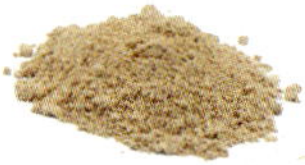
Ocre jaune clair
Vaucluse

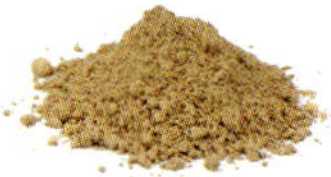
Limonite de Chypre

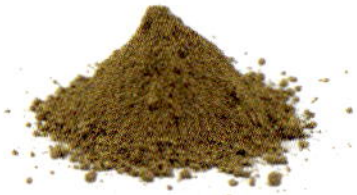
Ocre havane
Italie

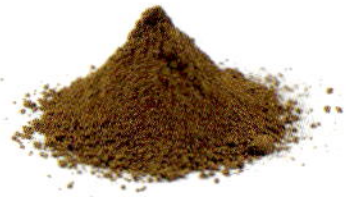
Tere d'ombre naturelle

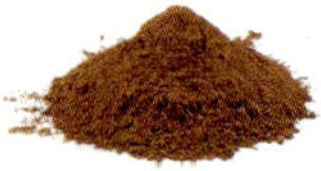
Terre de sienne naturelle
Ardennes

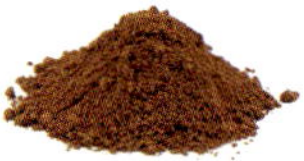
Oxyde de fer jaune
Madras

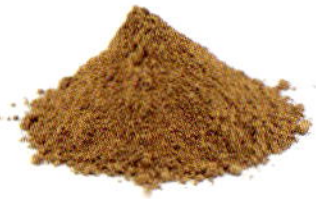
Terre de sienne naturelle
TOR/SA

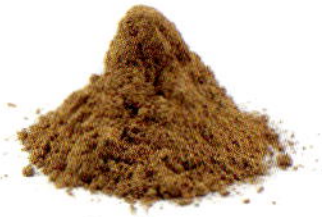
Ocre jaune
Espagne

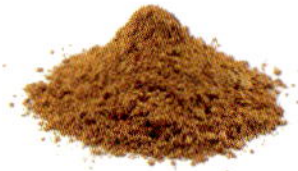
Ocre jaune
Puisaye

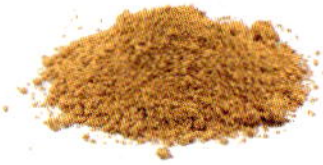
Ocre jaune JFLES

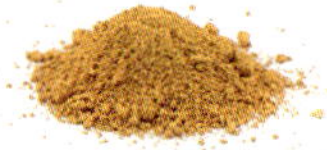
Ocre jaune citron
Vaucluse

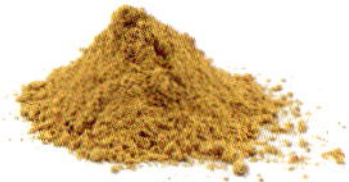
Ocre citron ICLES

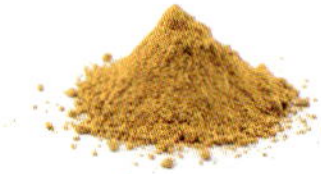
Terre jaune de Sardaigne

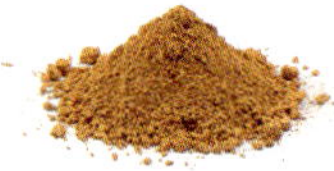
Ocre oxy jaune apt

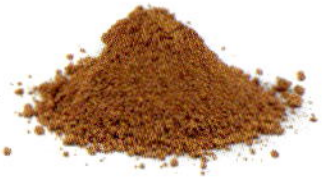
Ocre jaune jcl
Vaucluse

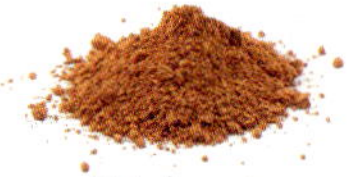
Ocre havane

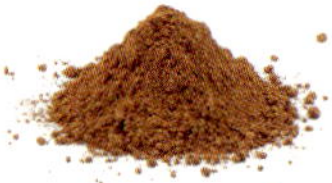
Ocre dunkel

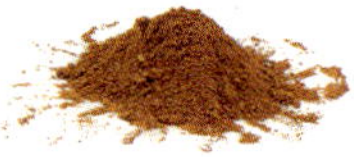
Terre jaune
San Ambrogio

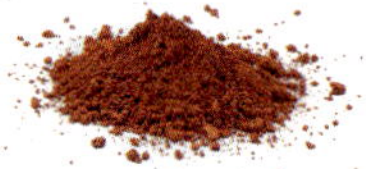
Ocre abricot
Puisaye

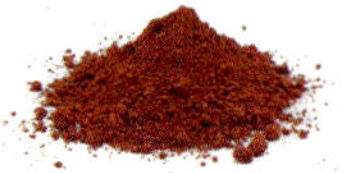
Ocre rouge RFL

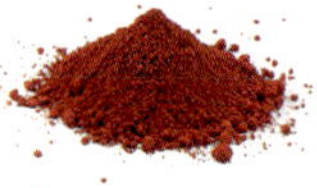
Ocre rouge RFLES

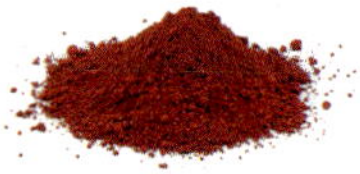
Ocre oxy apt rouge

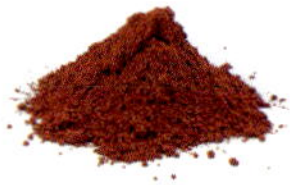
Rouge Pozzuoli

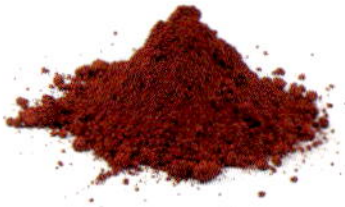
Rouge ercolano

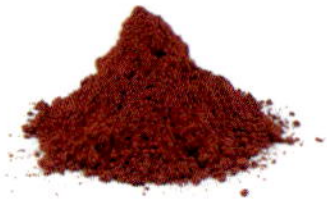
Rouge vénitien

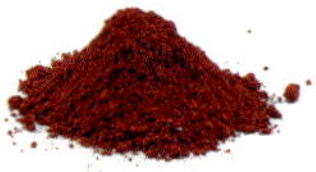
Ocre rouge
Puisaye

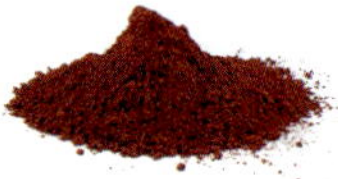
Terre rouge de Sardaigne

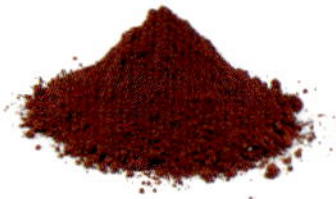
Terre de sienne brûlée
TOR/SA

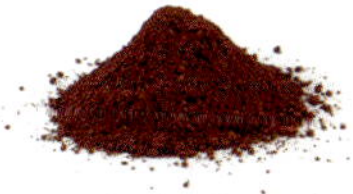

Terre d'ombre brûlée b

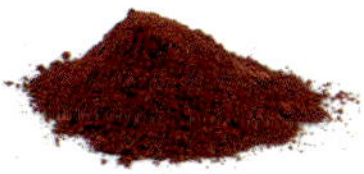

Hématite broyée Puisaye

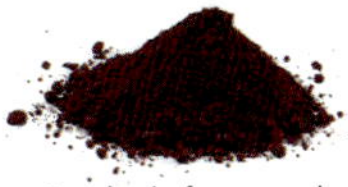

Oxyde de fer naturel rouge - Espagne

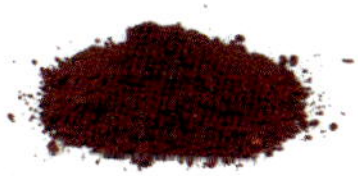

Oxyde de fer rouge Madras

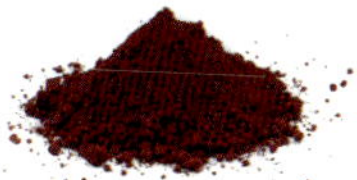

Oxyde de fer naturel rouge - Allemagne

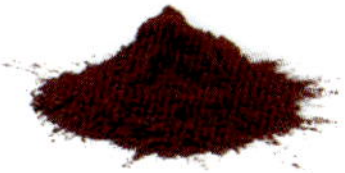

Terre de sienne brûlée Ardennes

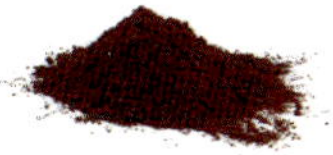

Terre brûlée San Ambrogio

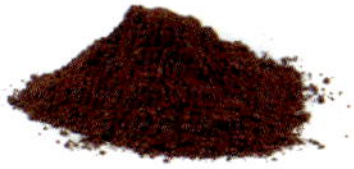

Terre d'ombre CCCN

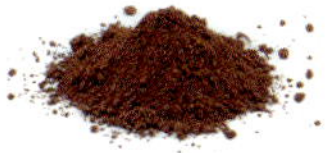

Ocre marron

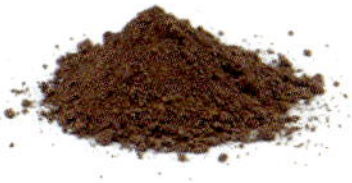

Terre d'ombre brûlée aek

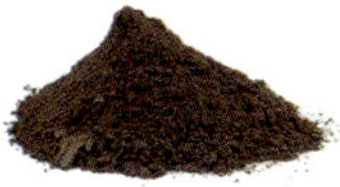

Terre d'ombre naturelle CPR

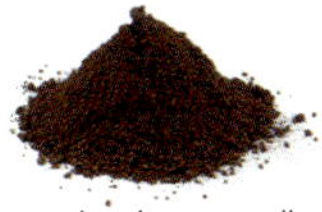

Terre d'ombre naturelle HG

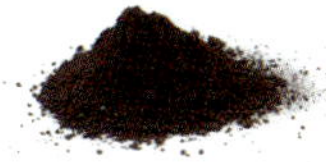

Terre d'ombre naturelle fl

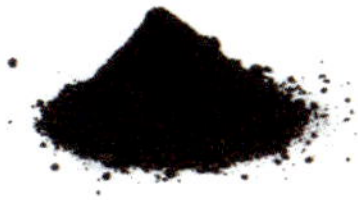

Terre d'ombre brûlée c

Oxyde de fer naturel noir

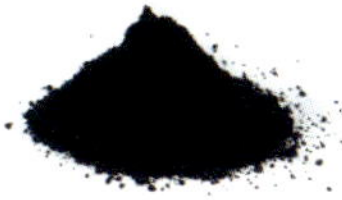

Noir de vigne

Brun de Cassel

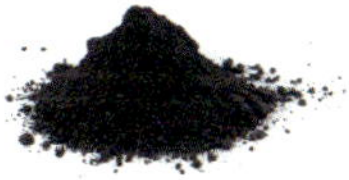

Noir de Rome

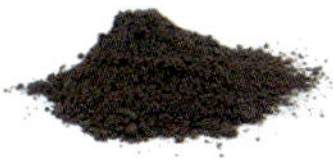

Terre d'ombre verdâtre

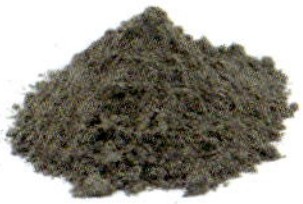

Terre verte prun

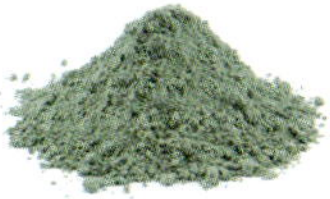

Terre verte brentonico

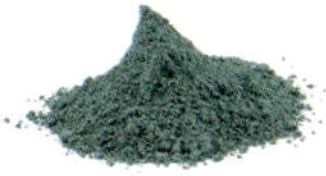

Terre verte nicosie

Quel que soit le domaine de référence (géologie, archéologie, linguistique ou peinture), les spécialistes s'accordent pour dire que la définition du terme « ocre » est trop floue, ne reposant ni sur ses couleurs ni sur la proportion argile/oxyde de fer/autres composants ni sur son origine géologique. Ce qui est sûr, c'est que l'ocre appartient à la grande famille des terres colorantes.

La peinture suédoise

Communément appelée « peinture à la farine », la peinture suédoise n'a jamais cessé d'être utilisée dans les pays scandinaves pour protéger les constructions en bois. Résistante et protectrice, voici sa recette.

à savoir avant de commencer

En général, le liant caractérise la peinture et est choisi en fonction du support sur lequel on travaille. La peinture suédoise, communément appelée « peinture à la farine », est ainsi destinée aux bois bruts en extérieur.

Le principe de l'émulsion

La peinture suédoise est une émulsion : la farine, composé essentiel, est à la fois un liant et un émulsifiant, qui stabilise le mélange d'huile de lin et d'eau, par nature non miscibles.

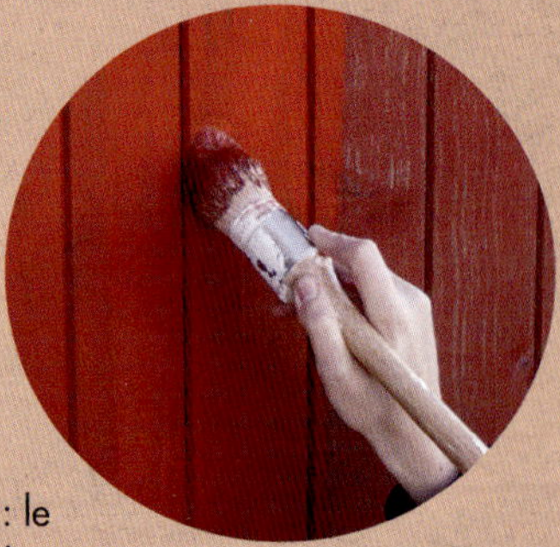

L'émulsion la plus célèbre est sans aucun doute la vinaigrette : pour créer une texture de vinaigrette homogène alors que l'huile et le vinaigre finissent toujours par se séparer, il suffit d'ajouter un peu de moutarde…

C'est d'ailleurs là l'intérêt de la peinture suédoise : elle associe le très fort pouvoir collant de la farine aux vertus protectrices de l'huile tout en restant diluable à l'eau.

La peinture suédoise utilise un pigment particulier : le rouge de Falun (résidu des mines de cuivre). Ce pigment de couleur rouge est un oxyde de fer comportant du zinc, du cuivre et du plomb lui apportant ainsi des propriétés bactéricides, fongicides et siccatives.

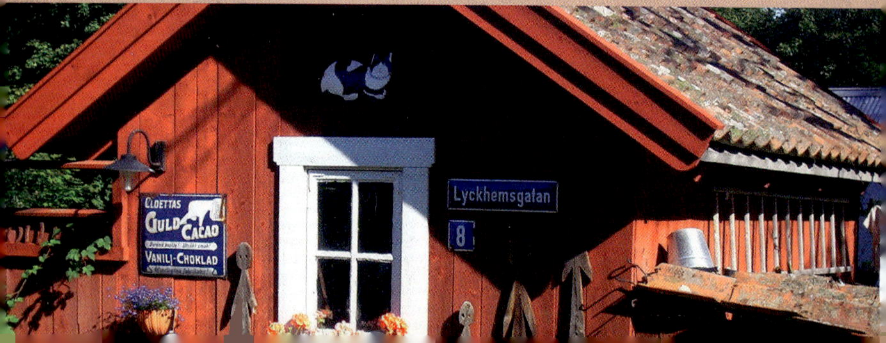

La peinture suédoise

une recette d'Olivier Féraud

Note préalable : le rouge de Falun peut être remplacé par de l'ocre naturelle mais il faudra ajouter du sulfate de fer pour apporter des propriétés fongicides.

les ingrédients et leurs rôles

130 g	Farine de seigle	*> agent liant et émulsifiant (eau/huile)*
1,5 l	Eau	*> véhicule ou diluant*
500 g	Rouge de Falun	*> pigment pour la couleur*
20 cl	Huile de lin	*> liant*
qqs gouttes de savon		*> agent dispersant et tensioactif qui favorise la stabilisation de l'émulsion*

fabrication

- faire bouillir l'eau et ajouter la farine en remuant délicatement.
- cuire 20 min et ajouter l'huile de lin.
- ajouter le pigment et laisser cuire 20 min.
- ajouter le savon, bien remuer et laisser refroidir.
- appliquer avec une brosse en soie naturelle.

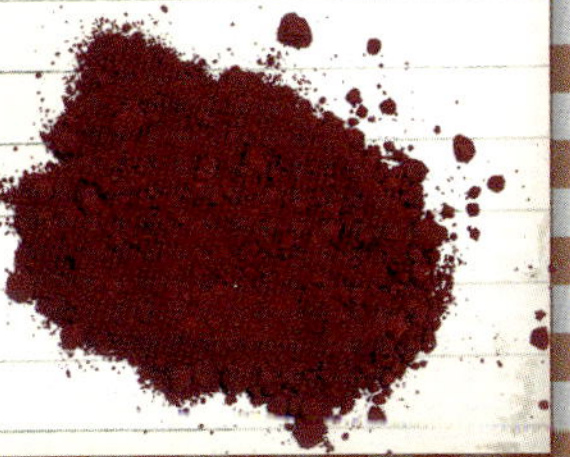

Peintures décoratives naturelles

Par opposition aux peintures artistiques réalisées sur papier ou sur toile, les peintures décoratives regroupent les peintures mises en œuvre à l'échelle de la maison, sur des supports bois ou minéraux. En voici 3 exemples.

La caséine

composition : fromage blanc 0 % + chaux aérienne + pigment

aspect : satiné

supports : bois et murs, intérieur et extérieur

attention aux problèmes d'humidité

La cire saponifiée

composition : cire d'abeille blanche + carbonate d'ammonium + eau + pigment

aspect : mat ou satiné si lustré

supports : bois et murs, intérieur uniquement

L'émulsion farine/huile

composition : farine cuite (blé ou seigle) + huile de lin + sulfate de fer + savon noir + eau + pigment

aspect : mat

supports : bois et murs, intérieur et extérieur

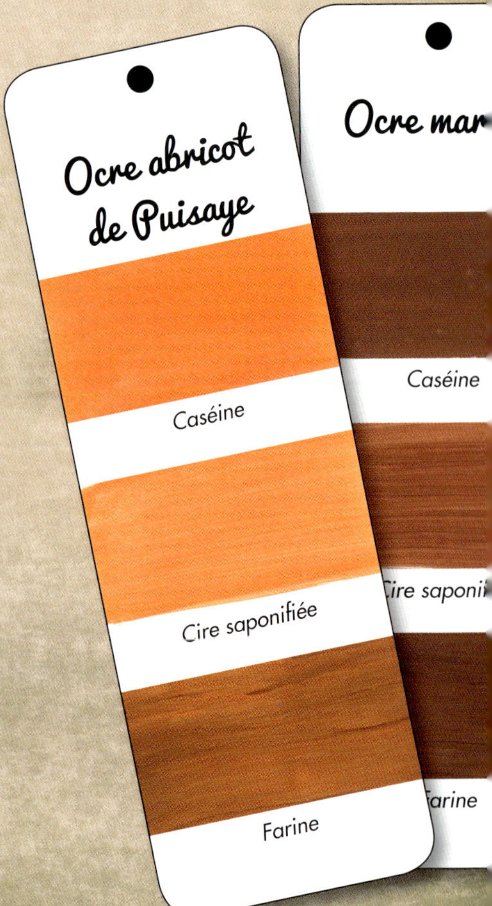

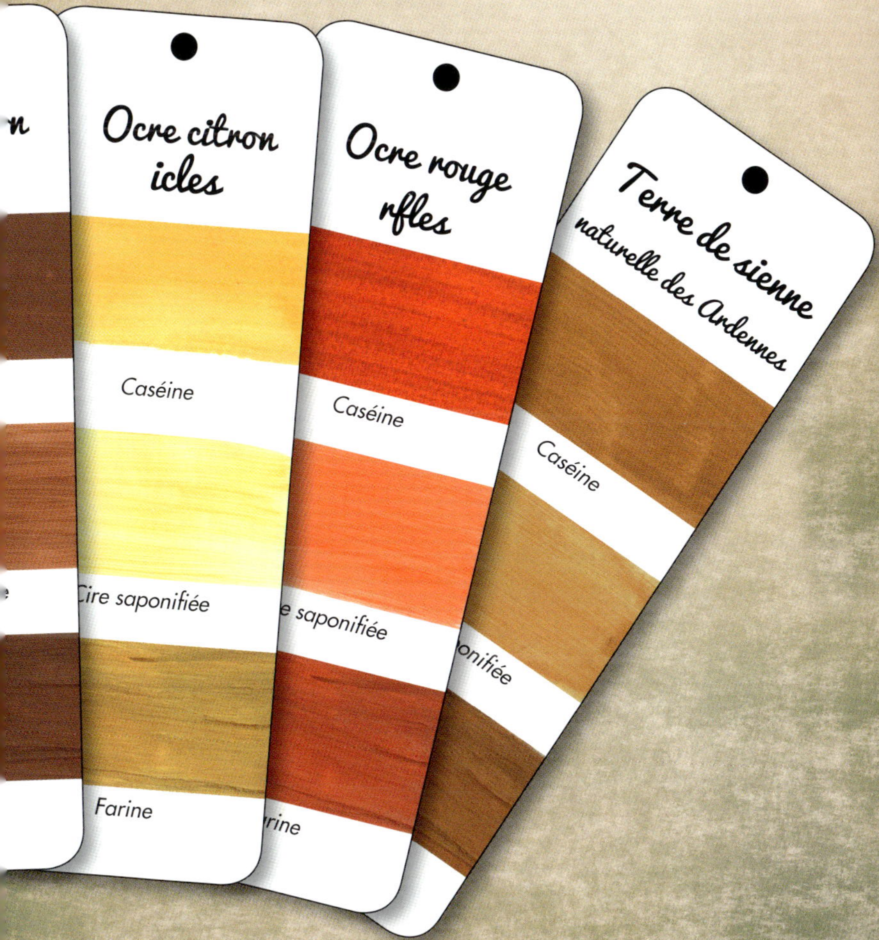
n
Ocre citron
icles
Caséine
Cire saponifiée
Farine
Ocre rouge
rfles
Caséine
e saponifiée
rine
Terre de sienne
naturelle des Ardennes
Caséine
onifiée

Les familles de la couleur

De tout temps, les matériaux de la couleur ont permis à l'homme de s'exprimer, de se parer ou de se protéger. Ils se distinguent par leur origine : minérale, végétale, animale, synthétique (qui reproduit une molécule colorante existant à l'état naturel) ou artificielle (qui crée une nouvelle molécule colorante, une nouvelle couleur).

famille couleurs dangereuses

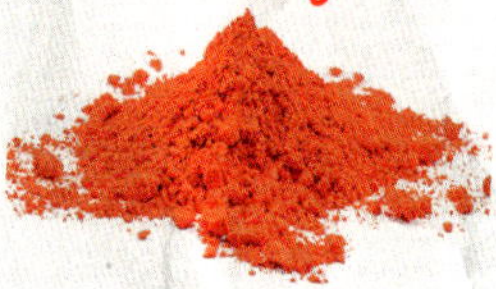

Interdits au tout début du XXIe siècle du fait de leur caractère dangereux à la production, ces jaunes et rouges vifs appréciés des artistes-peintres ont été remplacés par des pigments de synthèse sans danger pour l'homme.

rouges et jaunes de cadmium

minium de plomb

famille couleurs précieuses

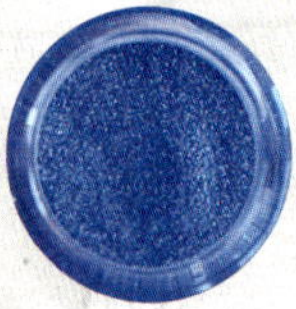

Certainement le plus célèbre et le plus cher des pigments bleus naturels. Vendu en France entre 90 et 200 € les 10 g. Remplacé en 1826 par le non moins célèbre pigment synthétique bleu outremer.

lapis lazuli

pourpre

famille confusions à éviter

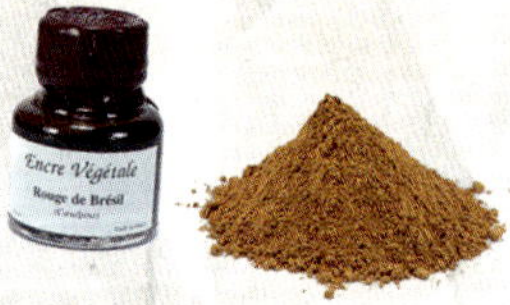

Un pigment est une poudre insoluble dans l'eau entrant dans la composition des peintures tandis qu'un colorant est un jus liquide soluble servant à teindre les fibres.

pigment & colorant

gomme & résine

famille couleurs préhistoriques

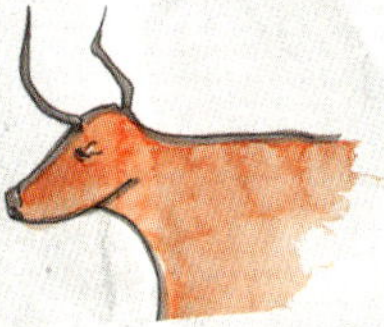

Terres argileuses (kaolin), colorées en jaune ou rouge par des oxydes de fer plus ou moins hydratés, les ocres jaunes et rouges sont à la fois les plus anciens matériaux de la couleur et les plus actuels.

ocres jaunes et rouges

blanc de craie

famille couleurs végétales

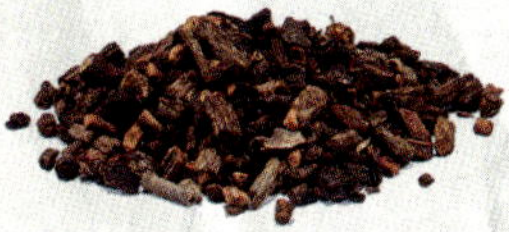

Une fois concassée et diluée dans de l'eau très chaude, la racine de la garance tinctoriale libère un jus rouge dont le dernier usage industriel fut la teinture des pantalons des soldats de la Grande Armée de Napoléon.

garance

curcuma

famille curiosités

L'indigo, cette poudre bleue extraite des indigotiers, est un pigment utilisé en peinture artistique. Rendu soluble par décoction, il est également un colorant bleu qui a donné sa couleur aux jeans.

indigo

noir de fumée

L'ocre en décor

Les enduits décoratifs à base de chaux naturelle sont un des usages artisanaux et traditionnels de l'ocre. Ces enduits peuvent être de finitions variées : frotassés, grattés, lissés, colorés a fresco, mats ou brillants... Lorsque l'enduit est, comme ici, agrémenté de poudre de marbre et lissé, on l'appelle stuc ou stucco. Particulièrement « doux » au toucher, il possède des propriétés hydrofuges déjà connues des Romains.

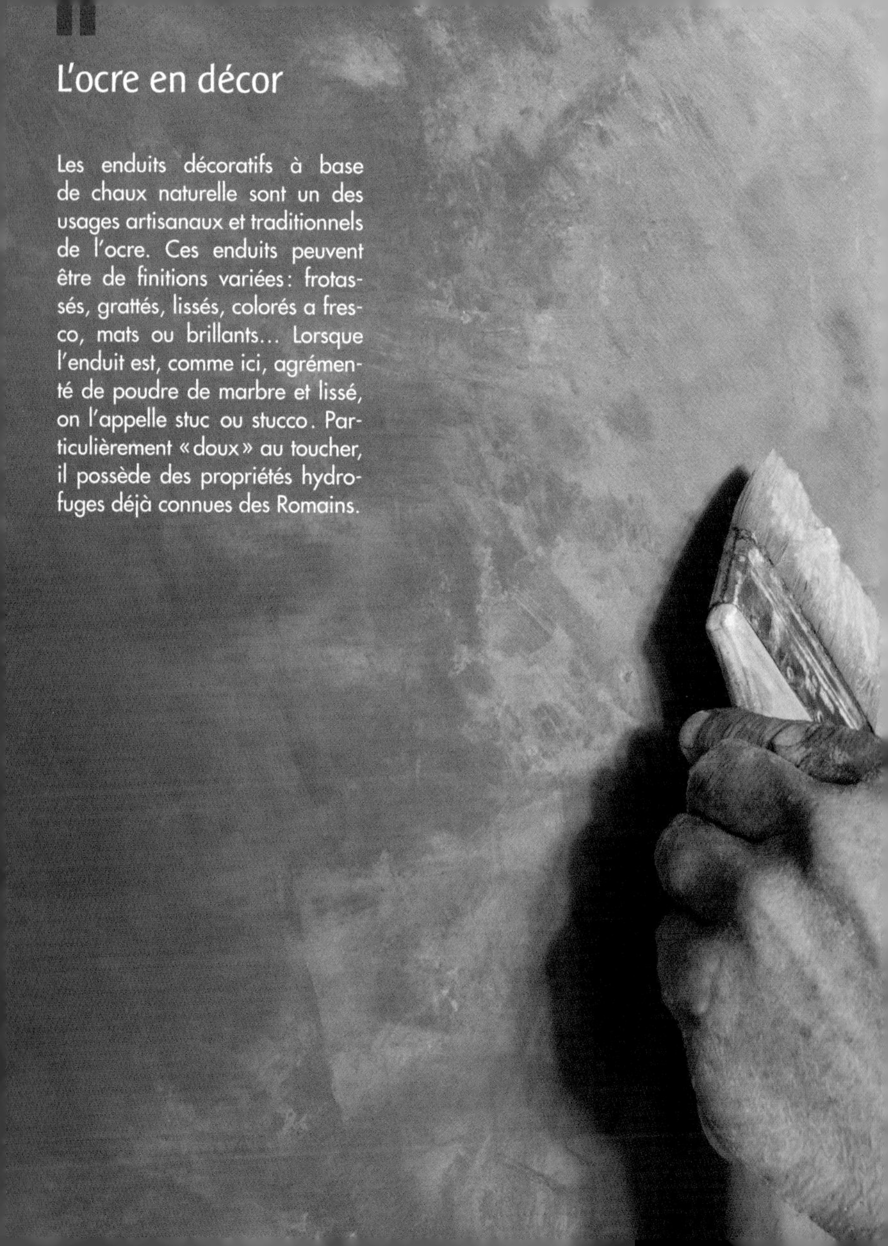

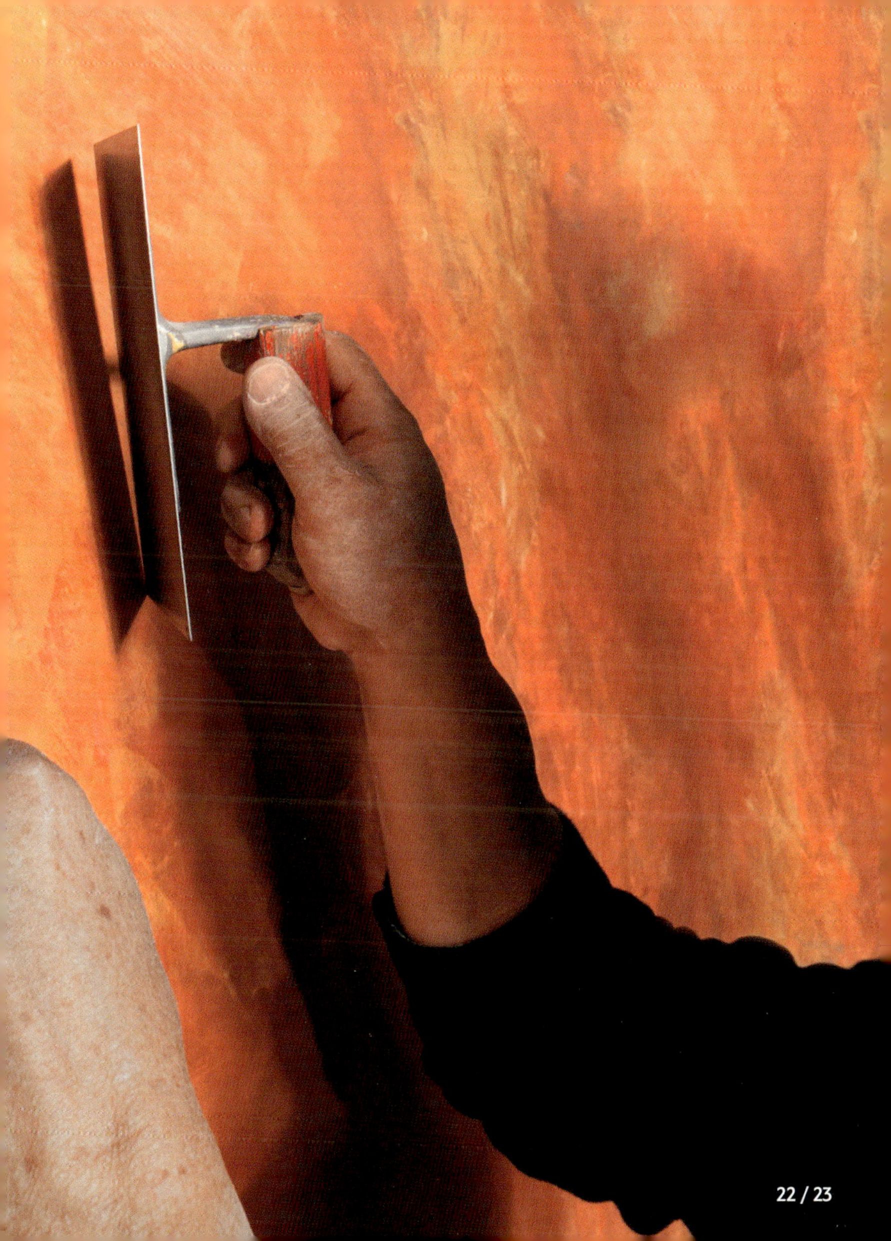

Fabriquer son aquarelle

Une aquarelle, comme son nom l'indique, est une peinture qui contient beaucoup d'eau.

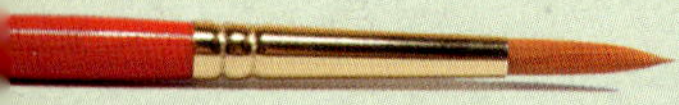

à savoir avant de commencer

Une peinture est toujours composée de 3 ingrédients

un pigment : qui donne la couleur

+ un liant : qui fixe la couleur sur un support

+ un diluant : qui permet de mélanger le tout

La gomme arabique

La gomme arabique est la sève d'un arbre l'*acacia vera* ou *nilotica*, qui pousse en Arabie mais aussi en Afrique de l'Ouest. Elle n'a pas d'odeur et peu de goût. Soluble dans l'eau, elle est aussi beaucoup utilisée dans l'industrie alimentaire.

Se présentant naturellement sous forme de « bonbons » très durs, elle est broyée afin d'être utilisable plus facilement et se présente alors en une poudre blanche.

Vous pouvez aussi utiliser la gomme de cerisier ou celle d'autres fruitiers.

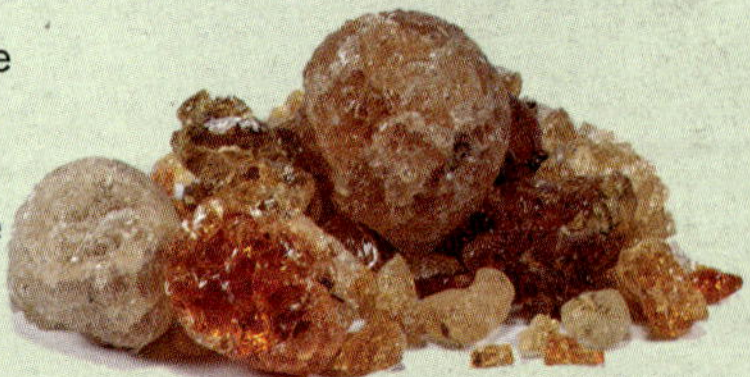

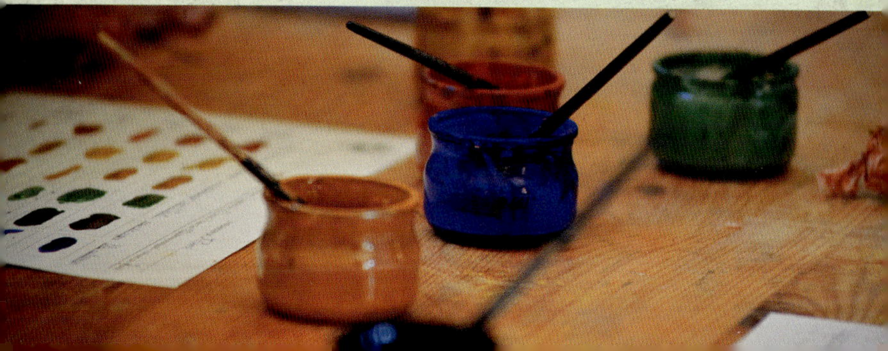

l'aquarelle

matériel

- Ocre
- Gomme arabique en poudre
- Eau
- Papier cartonné
- Pinceaux
- 2 petits pots
- 2 petites cuillères

âge et matériel requis

- pas de connaissance préalable nécessaire.
- peinture à l'eau qui ne tache pas et est totalement saine = à pratiquer dès 4 ans.

préparation

1. Dans un petit pot, préparer la gomme arabique

- mettre une petite cuillerée rase de gomme arabique en poudre.
- ajouter 4 petites cuillerées d'eau.
- mélanger jusqu'à disparition des grumeaux.

2. Dans un autre pot, fabriquer la peinture

- mettre une petite cuillerée d'ocre.
- ajouter 1 à 2 cuillerées d'eau et mélanger pour former une pâte.
- ajouter 2 cuillerées de gomme arabique préparée et mélanger.

N'hésitez pas à ajouter de l'eau pour plus de transparence.

La peinture est prête à être appliquée sur le papier

- en fine couche car l'aquarelle est une peinture en transparence.
- penser à remuer régulièrement sinon le grain d'ocre tombe au fond du pot.

Peintures artistiques

aquarelle

gomme arabique + eau + pigment

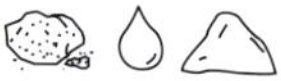

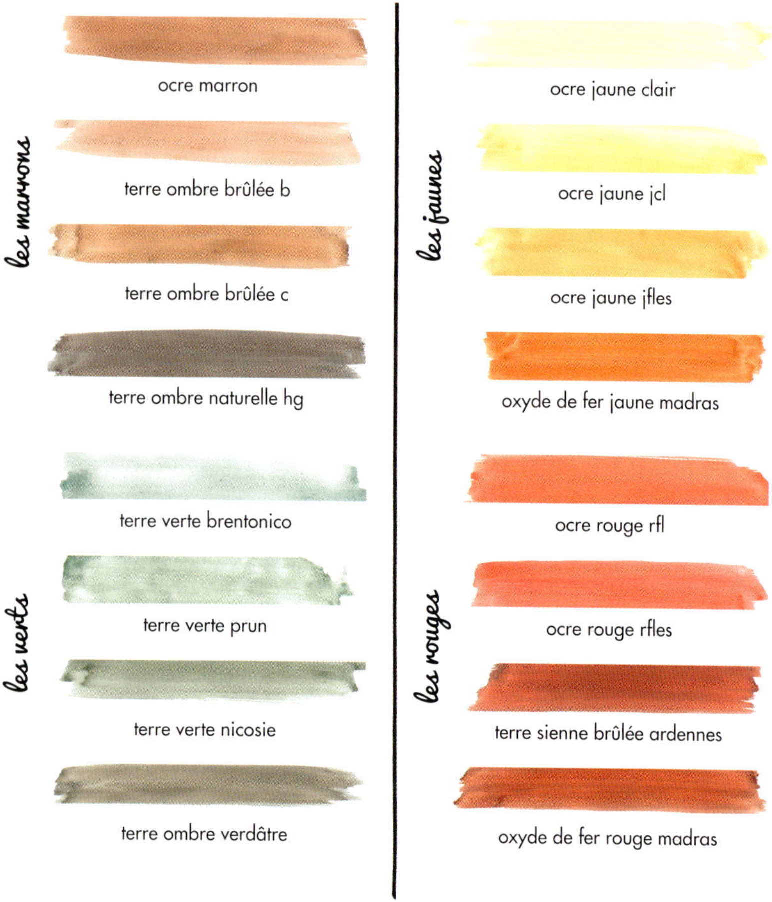

tempera

émulsion à base de jaune d'œuf + eau + gomme arabique

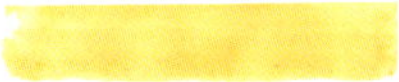

ocre jaune clair

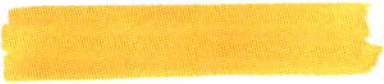

ocre jaune jcl

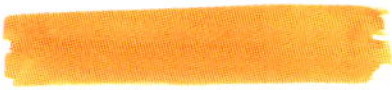

ocre jaune jfles

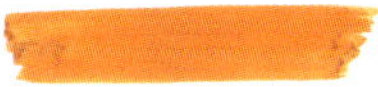

oxyde de fer jaune m.

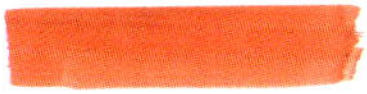

ocre rouge rfl

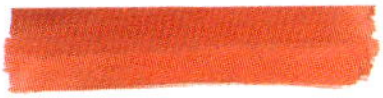

ocre rouge rfles

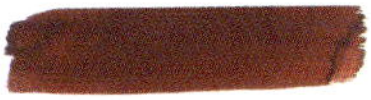

terre sienne brûlée a.

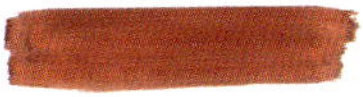

oxyde de fer rouge m.

liant écologique

substitut du liant acrylique à base d'huile de soja modifiée

ocre jaune clair

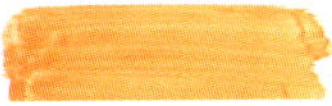

ocre jaune jcl

ocre jaune jfles

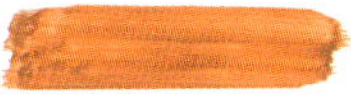

oxyde de fer jaune m.

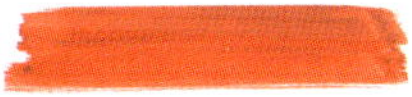

ocre rouge rfl

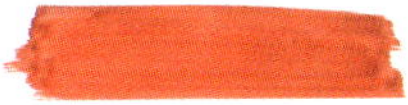

ocre rouge rfles

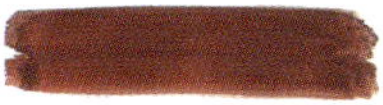

terre sienne brûlée a.

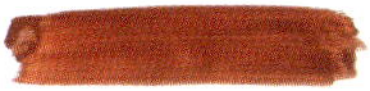

oxyde de fer rouge m.

huile

huile de lin clarifiée + siccatif (ou cuite) + essence de térébenthine + pigment

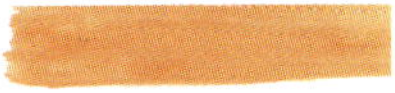

ocre jaune clair

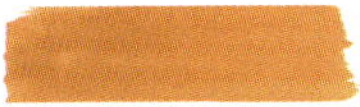

ocre jaune jcl

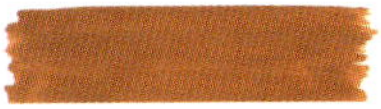

ocre jaune jfles

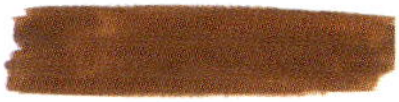

oxyde de fer jaune m.

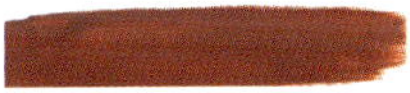

ocre rouge rfl

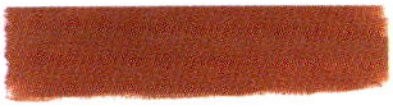

ocre rouge rfles

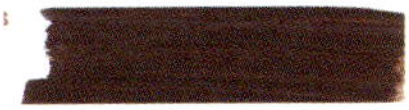

terre sienne brûlée a.

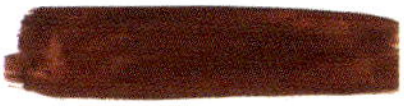

oxyde de fer rouge m.

Les cheminées de fées

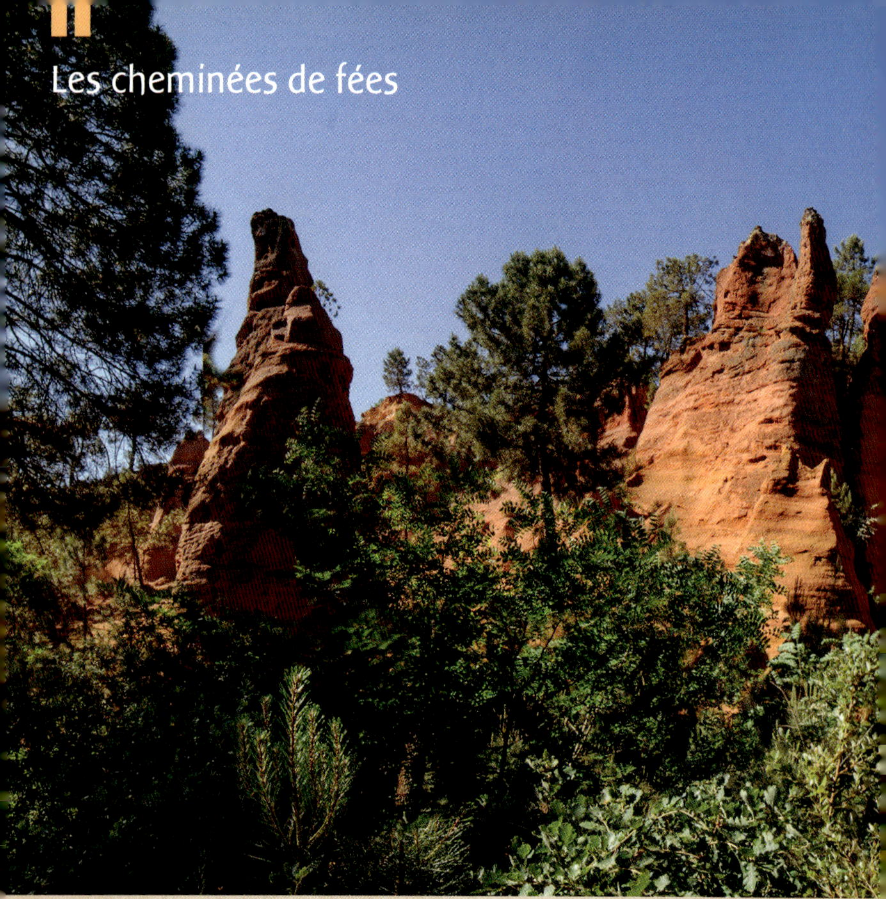

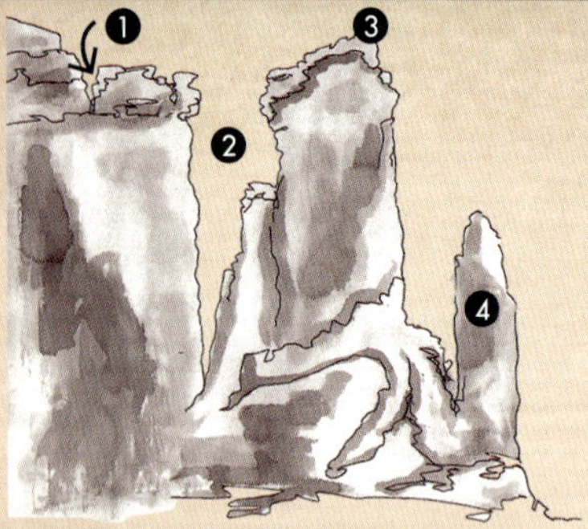

1. infiltration des eaux de pluies
2. érosion naturelle
3. cuirasse ferrugineuse = chapeau protecteur
4. cheminée en voie de disparition

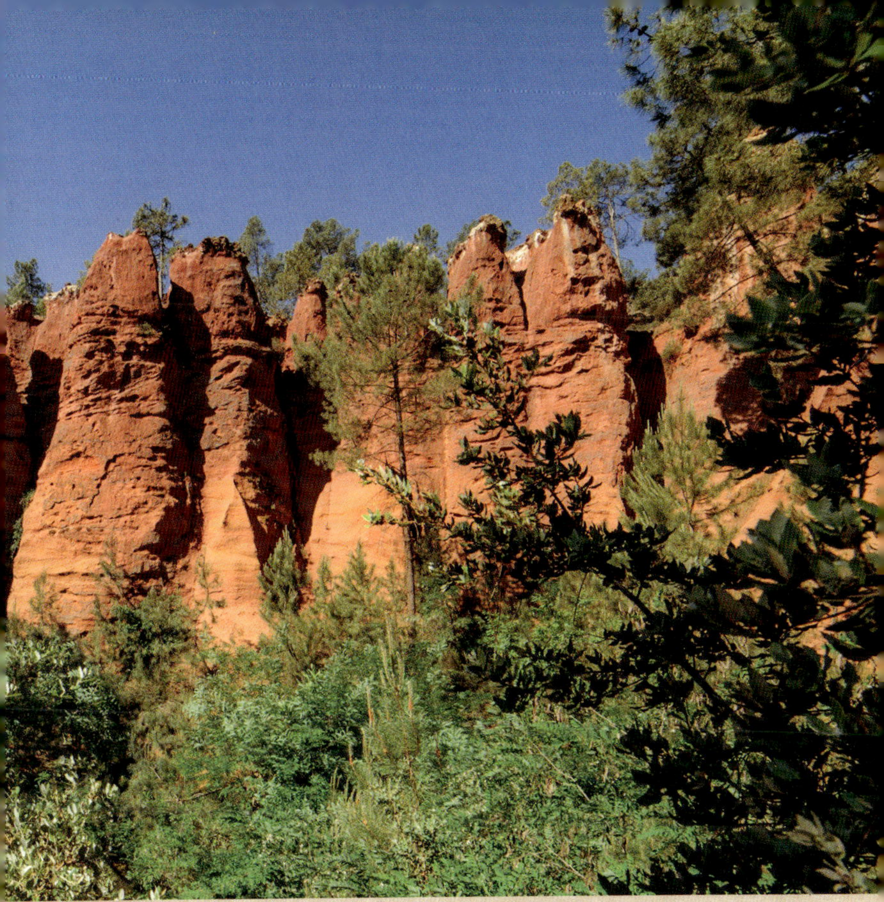

Les cheminées de fées résultent d'un phénomène d'érosion naturel : l'eau s'infiltre dans une fissure du sol et désolidarise une partie de la falaise. Dans les massifs ocriers, ces formations s'appellent « demoiselles coiffées » en référence à leur chapeau protecteur constitué par le morceau de cuirasse ferrugineuse qui perdure un temps tout en haut de ces « dames ».

Zoom sur la formation géologique

LA MER RECOUVRE LA PROVENCE

Des sables provenant d'un continent proche se déposent au fond de la mer. Un minéral argileux chargé en fer, la glauconie, se forme selon des phénomènes chimiques complexes et colore les sables en vert. L'ensemble forme les grès verts glauconieux.

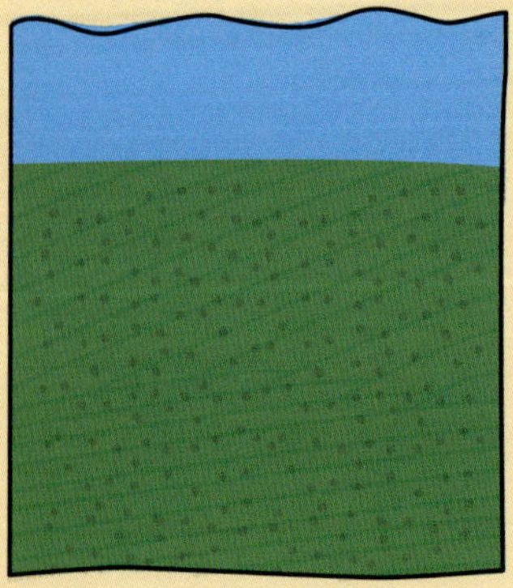

LES GRÈS VERTS ÉMERGENT SOUS UN CLIMAT TROPICAL

La pluie pénètre dans les grès verts en profondeur et circule entre les grains de sable. Certains éléments chimiques constituant la roche sont libérés et transportés dans les nappes phréatiques.

Composition des grès verts

Quartz (grains de sables)	70 %
Organismes calcaires	23 %
Glauconie (argiles vertes)	5 %
Mica blanc	2 %

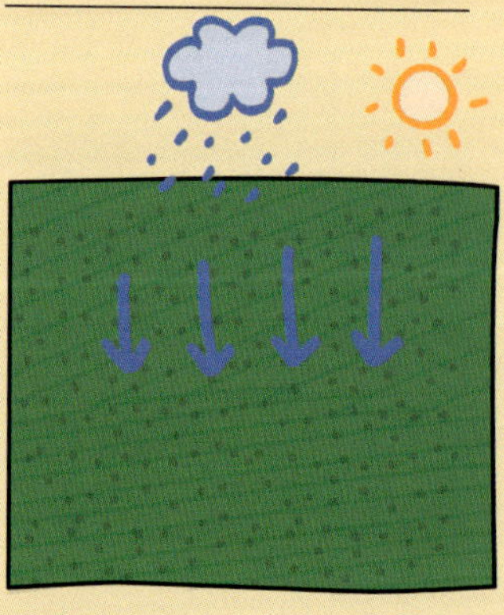

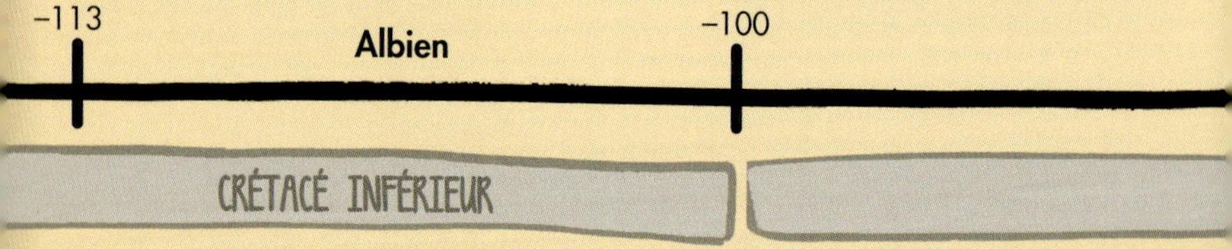

L'ALTÉRATION EST PROGRESSIVE

En moins de 2 millions d'années, le front d'ocrification descend. L'altération se fait généralement du haut vers le bas. Les sables verts changent de couleur et deviennent sables ocreux.

Composition des sables ocreux

Quartz (grains de sables)	85%
Kaolinite (argile blanche)	10%
Oxyde de fer	5%

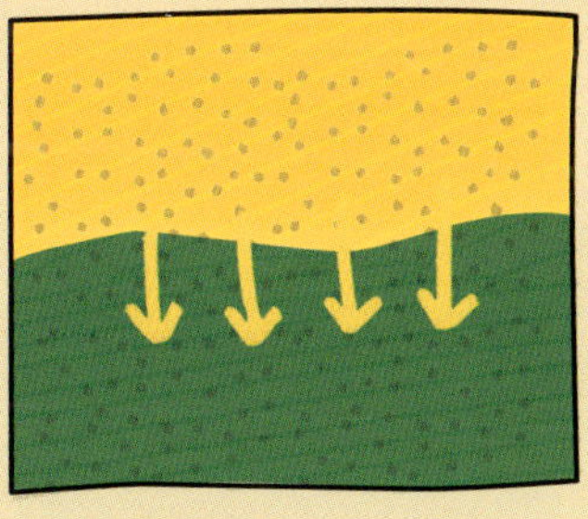

L'ALTÉRATION EST TERMINÉE

De nombreux éléments chimiques libérés par le lessivage, se rassemblent et forment de nouveaux minéraux plus stables :

❶ une cuirasse ferrugineuse ;
❷ une argile blanche, la kaolinite ;
❸ un hydroxyde de fer jaune, la gœthite ;
❹ un oxyde de fer rouge, l'hématite.

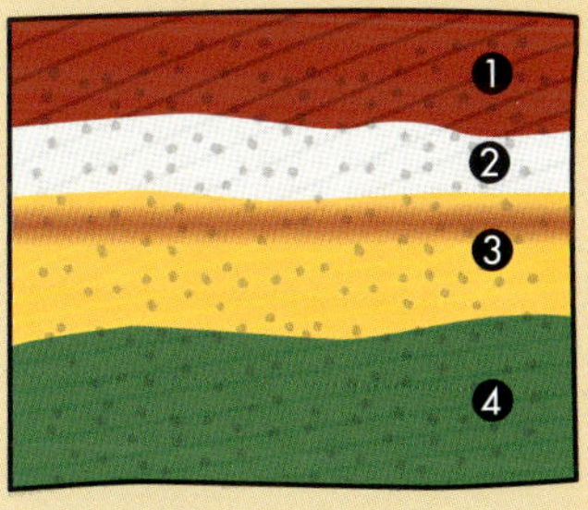

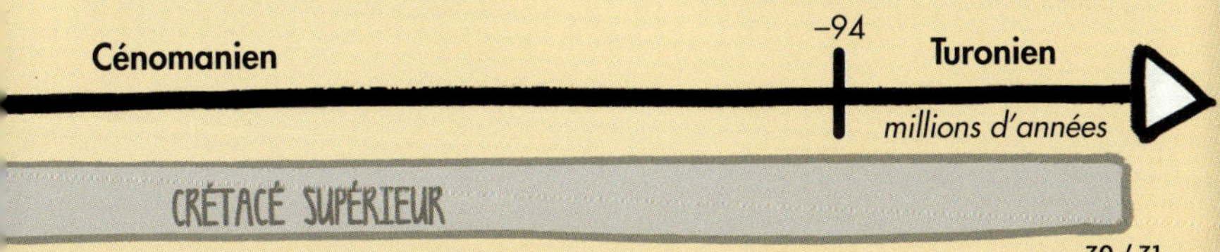

Les géologues face aux mystères de l'ocre

Comprendre ce qui s'est passé sur terre il y a des millions d'années, ce n'est pas si facile. Parfois, des hypothèses sont rejetées avant d'être confirmées et souvent le passage par des théories invalidées est nécessaire.

mystère du XIXe siècle

Quel âge a l'ocre ?

Hypothèse n°1 *(Graff, 1843)*
La formation des minerais de fer de Rustrel remonte au Crétacé (–145 à –66 millions d'années) ☑

Hypothèse contradictoire *(Gras, 1862)*
La formation est plus récente et s'est produite à l'ère tertiaire soit entre –65 et –2,6 millions d'années. ☒

Les précurseurs
(Kilian et Leenhardt, 1890)
La formation des sables ocreux du pays d'Apt se serait bien passée au Crétacé, plus précisément autour de –100 millions d'années. Il y aurait un lien entre la formation des ocres du Pays d'Apt et celle de la bauxite dans le Var et dans les Bouches-du-Rhône. ☑

mystère du XXe siècle

Quel est le phénomène géologique qui a créé les ocres ?

Années 1960
Hypothèse « éolienne »
(Roch, 1956)
Les sables ocreux résulteraient de dépôts marins ferreux sur lesquels les vents seraient venus déposer des poussières d'argile venues du Massif central. ☒

Hypothèse « dunaire »
(Blanc & Périnet, 1963 ; Porthault, 1974)
Les ocres du Gard et du Vaucluse seraient le résultat de dépôts continentaux, de type sables dunaires. ☒

Années 1970
Les paléoaltérations latéritiques
Des recherches parallèles menées sur les latérites d'Afrique de l'Ouest et sur l'évolution du climat en Provence permettent de confirmer que :
- la formation des sables ocreux remonte bien au Crétacé, dans un climat qui semble proche des actuels pays tropicaux ;
- le phénomène géologique est similaire à ce qui peut encore y être observé. ☑

(Jean-Marie Triat, 1979)
Fort de ces données, Jean-Marie Triat publie sa thèse de doctorat et confirme :
- la date de formation des sables ocreux : –100 millions d'années ;
- l'origine de ces sables : sédiments marins ;
- le procédé d'altération : l'ocrification des grès verts initialement chargés en fer, en climat subéquatorial. ☑

6 questions à Jean-Marie Triat

Géologue et professeur émérite de l'université d'Aix-Marseille

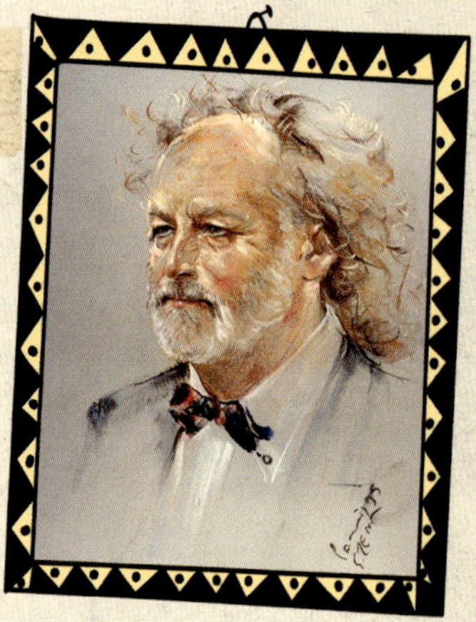

1 Comment avez-vous fait pour mettre tous les chercheurs d'accord et prouver l'origine marine des ocres ?

Lorsque les géologues pétroliers sont parvenus à comprendre et interpréter les figures de sédimentation marine, il est devenu très facile de les lire dans les ocres : les stratifications obliques et les terriers de vers fouisseurs caractérisent le milieu marin. Comme il n'y a aucun fossile ni élément calcaire dans les sables ocreux, la date de formation (entre –96,2 et –95,5 millions d'années) a pu être établie grâce à l'analyse des fossiles et microfaunes dans les grès verts.

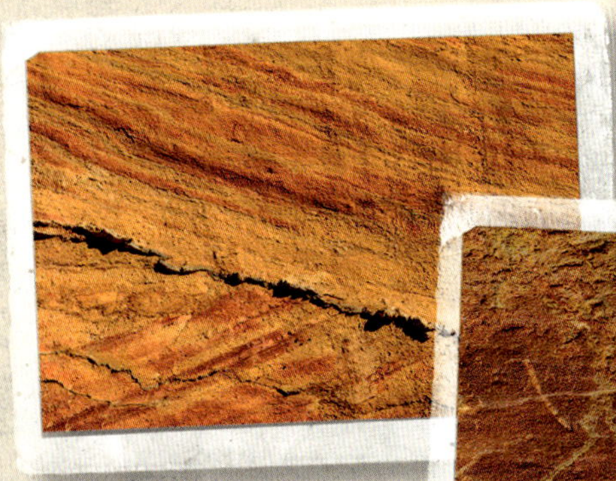

Les stratifications obliques

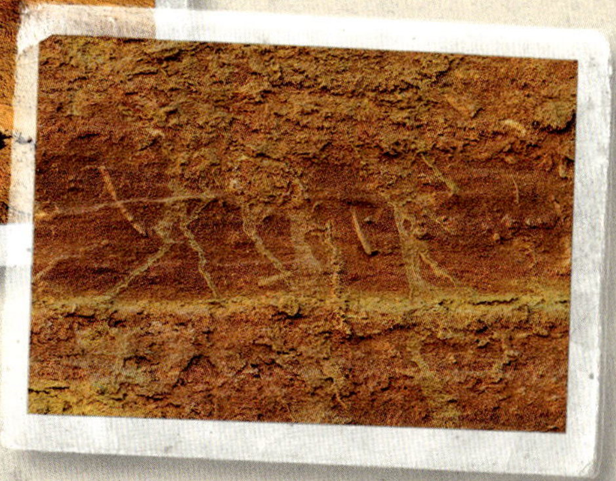

Les terriers de vers fouisseurs

2 Toutes les terres rouges sont-elles de l'ocre ?

Certainement pas ! Les terres rouges du monde entier contiennent toujours du fer mais toutes ne sont pas de l'ocre. Beaucoup sont des dépôts continentaux sans kaolinite. Ce qui caractérise les ocres, c'est leur origine marine et leur composition : kaolinite + fer.

3 Qu'est-ce que la bande de terre blanche que l'on observe à certains endroits du massif ?

Cet « horizon blanchi » est une zone située juste sous la cuirasse ferrugineuse dont les conditions sont réductrices, c'est-à-dire avec peu d'oxygène. Dans ces cas-là, le minerai de fer est totalement dissous. En effet, pour que des couleurs soient fabriquées dans la terre, il faut des oxydes donc de l'oxygène.

4 Y a-t-il une relation entre la formation des ocres et de la bauxite, deux massifs très proches en Provence ?

Assurément, la corrélation est évidente. La période d'altération est la même ainsi que le procédé de lessivage par fortes pluies. En revanche, les roches mères sont différentes : des sables dans le cas de l'ocre, des argiles dans le cas de la bauxite. Seules les roches argileuses permettent d'éliminer toute la silice et de ne conserver que les minéraux les plus résistants : les oxydes d'alumine, constituants majoritaires de la bauxite, ainsi que du fer.

5 L'altération continue-t-elle aujourd'hui en Vaucluse ?

Non, le climat n'est plus du tout le même ; il ne pleut plus assez donc les argiles vertes ne peuvent plus devenir ocres.
Dans les carrières d'ocres, on observe deux changements de couleur assez minimes :
- des sables blancs qui deviennent rouges à cause de «coulures» d'oxydes de fer provenant de la cuirasse ferrugineuse ;
- sur quelques millimètres en surface, la couleur jaune peut devenir rouge car la transformation de l'oxyde de fer jaune en rouge, plus tardive, peut encore se produire en surface.

6 Des sables ocreux continuent-ils de se former aujourd'hui dans le monde ?

Oui, partout où il y a des couvertures latéritiques et des climats tropicaux : en Asie, en Afrique. En Côte d'Ivoire, notamment, des sables ocreux se créent en ce moment selon le même phénomène qui a touché le Vaucluse et la Bourgogne il y a 95 millions d'années.

Cuire l'ocre jaune pour faire du rouge

Comment l'ocre jaune devient-elle rouge ?

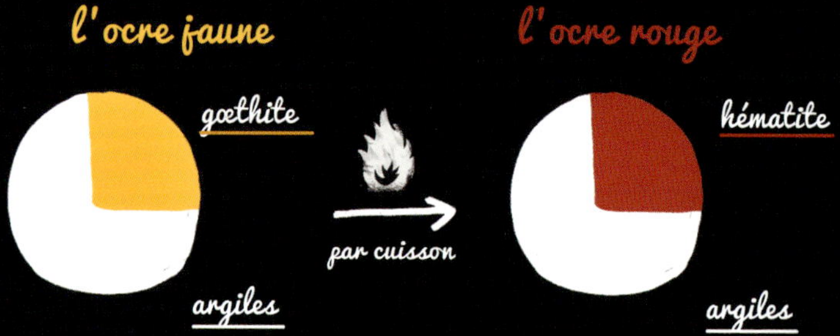

La cuisson

Température	entre 250 et 450 °C
Combustible	> aujourd'hui le gaz > autrefois le bois
Temps	> aujourd'hui 20 min > autrefois 36 h
Contenance des fours	5 tonnes environ (= 1 éléphant)

Placer les mottes en quinconce pour que la chaleur circule bien

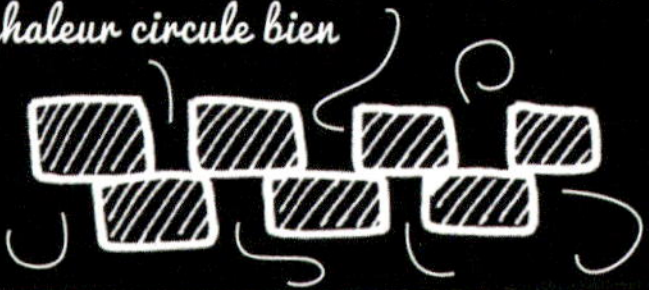

Dans la nature, il faut 1,5 million d'années sous un climat tropical pour que l'ocre jaune devienne rouge.

Le rouge naturel paraissait plus « terne » aux ocriers du XIXe siècle car il demeurait de la gœthite dans cette ocre
→ la cuisson dans des fours, plus régulière, transforme toute la gœthite en hématite.

La formule chimique de la cuisson oxydante de l'ocre jaune

vapeur d'eau (250 °C)

Hydroxyde de fer jaune = gœthite

$$2\ [FE\,O\,(OH)] \longrightarrow FE_2O_3 + H_2O$$

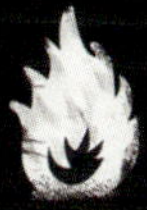

cuisson oxydante = présence d'oxygène qui permet l'altération des oxydes de fer

oxyde de fer rouge = hématite

---

mots clefs de la leçon du jour

gœthite : oxyde de fer hydraté de couleur jaune, nom qui provient de Gœthe (penseur allemand du XVIIe siècle, passionné de peinture).

hématite : oxyde de fer déshydraté de couleur rouge.

cuisson oxydante : cuisson où l'oxygène est présent. Contraire = cuisson réductrice.

Mines de Bruoux

Jusque dans les années 1950, les ocriers extrayaient les sables ocreux en carrières à ciel ouvert ou en galeries souterraines. La galerie était privilégiée lorsque l'accès depuis la surface aux veines d'ocre était rendu difficile, notamment du fait de la profondeur du minerai souhaité. Ce mode d'extraction nécessitait également une uniformité de couleur puisque, dans le noir quasi absolu, il était difficile de voir les variations de teintes d'ocre.

Les Mines de Bruoux, situées sur la commune de Gargas en Vaucluse, à deux pas de la carrière toujours en exploitation, sont depuis 3 ans ouvertes à la visite et accueillent chaque année plus de 20 000 visiteurs.

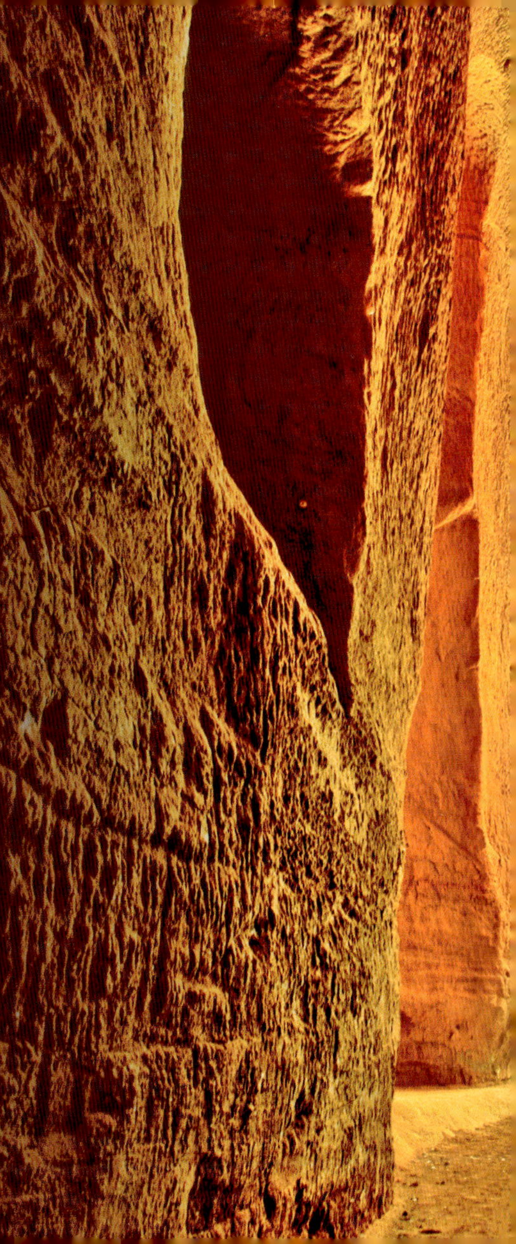

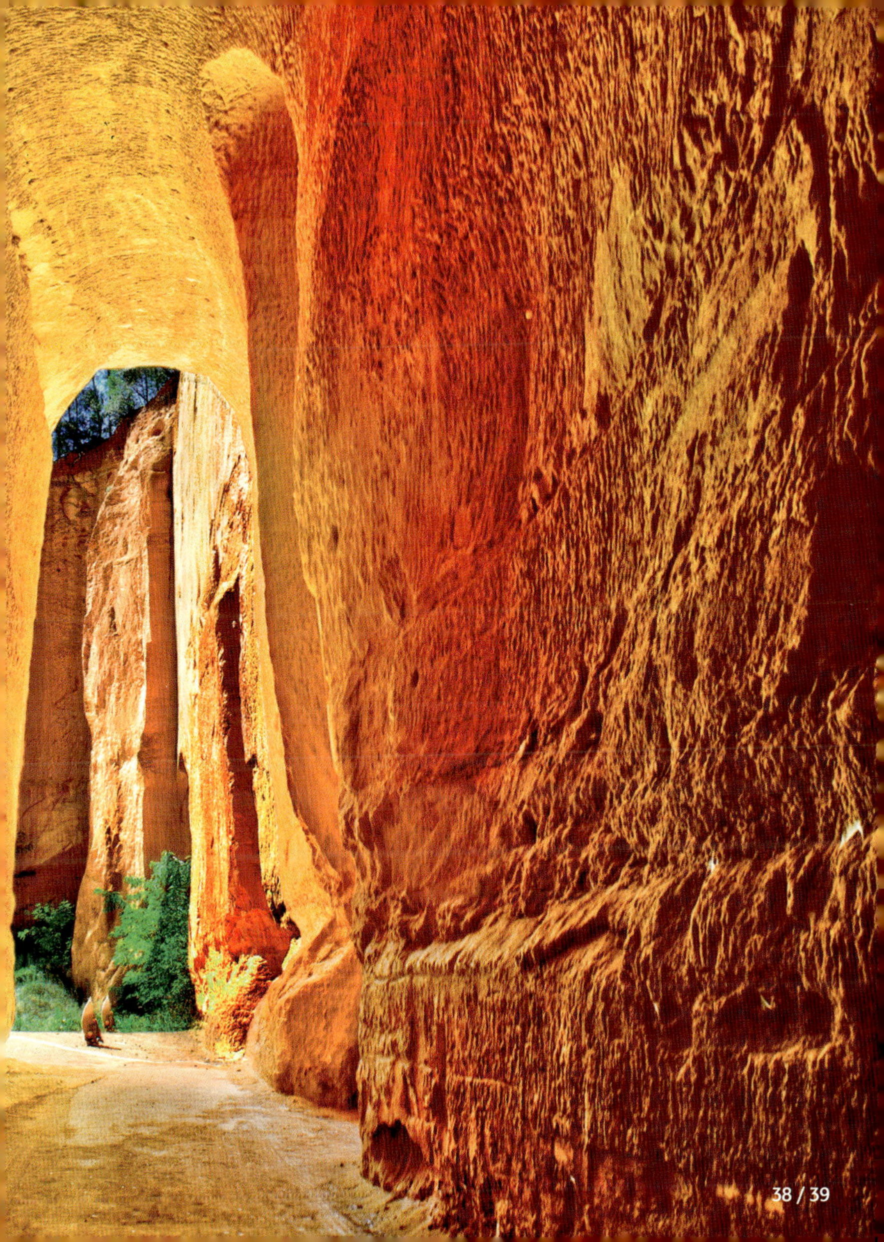

Le premier ocrier

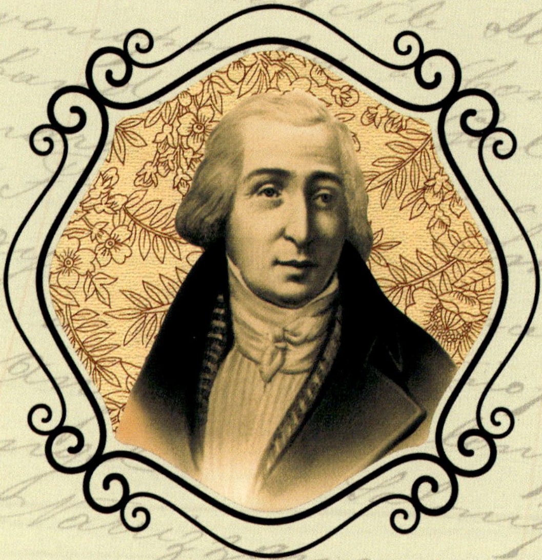

Jean-Étienne Astier
Roussillonnais,
le premier ocrier du Pays d'Apt en 1785

En 1780, Jean-Étienne Astier est boisselier, fabricant de boisseaux et autres objets en bois. En 1785, dans les registres municipaux, il exerce le tout nouveau métier d'ocrier. Pourquoi en est-il venu à exercer ce métier ?
Dans un pétrin de boulanger, il aurait découvert un procédé permettant de séparer le sable de l'ocre pure, inséparables à l'état naturel.

Cette découverte, dont on ne connait réellement ni les fondements ni les circonstances, va ouvrir la voie à une belle période pour les ocres de France et du monde entier : une fois débarrassées des gros grains de sable, reste une poudre impalpable, utilisable comme épaississant dans de nombreux produits industriels du XIXe siècle.

Comment Jean-Étienne Astier a-t-il découvert la lévigation ?

« IL AVAIT remarqué qu'avec le rouge était mélangée une importante quantité de sable. Il fallait donc séparer l'un de l'autre. Au pied d'une colline, utilisant un vieux pétrin, obligé d'amener de bien loin l'eau qui réaliserait la séparation, il brassait le mélange (avec ses bras), rejetait le sable qui se déposait au fond et recueillait enfin l'ocre pure. Séchée, il la réduisait en poudre à l'aide de rouleaux de pierre utilisés dans les champs pour tasser la terre après les semailles. »
Francis Berjot, Roussillon : le temps retrouvé, Équinoxe, 1992, p. 80

Un contexte technique favorable

À PARTIR de 1834, un dénommé Charles Goodyear, quincailler américain en faillite, se mit en tête de rentabiliser le caoutchouc ou latex, résine de l'hévéa. À force d'expérimentations majoritairement réalisées en prison où ses dettes l'avaient conduit, il finit par découvrir la vulcanisation : procédé permettant de « durcir » le caoutchouc par l'apport de souffre et de chaleur. Dès ce moment, l'ocre servira pendant près de 150 ans à épaissir et colorer les caoutchoucs pour donner naissance à des objets souples et résistants : pneumatiques, bottes, gants, revêtements de sols (linoléums), gaines…

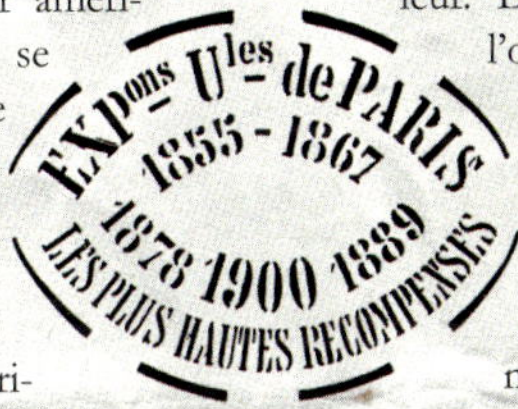

À propos de…

Initiateur d'une période faste pour l'industrie vauclusienne, Jean-Étienne Astier est probablement aussi le seul ocrier a avoir été contraint de déplacer son usine d'ocre sur pétition des voisins, considérant la gêne occasionnée par la poussière des ocres comme insoutenable. Il dut alors s'installer à l'extérieur du village.

Un contexte économique favorable

L'ÉCONOMIE du XIXe siècle est tournée vers le monde et la mondialisation. Dans ce contexte, lorsqu'un pays dispose d'une ressource, il va tenter de l'exploiter et de l'exporter autant que possible. Si la ressource se trouve hors territoire, on construit alors une usine à l'étranger. L'ocre, produite essentiellement en France, en Bourgogne puis en Vaucluse, fut ainsi exportée à plus de 90 % pendant près de 200 ans, profitant des réseaux vauclusiens internationnaux préalablement structurés grâce à la filière des fruits confits.

Chiffres clefs de l'industrie ocrière

2

Le nombre d'usines restant en activité en 2012 en France. À elles deux, elles continuent de produire environ 1 000 tonnes d'ocre par an.

4

Dans le processus de l'ocre, de sa constitution dans le sol à sa transformation en pigment, les 4 éléments naturels sont à l'œuvre : à l'origine l'ocre est une terre jaune, lavée par l'eau et séchée à l'air et, au besoin, transformée en rouge sous l'effet du feu.

7

C'est le dénivelé maximal en mètres que couvre une pompe pour remonter l'eau depuis les sources jusqu'aux aires de lavage dans les usines. Ainsi, sur une usine qui a un dénivelé de 14 m, il faudra 2 pompes.

12

Le nombre de mois nécessaires à la production d'ocre, de l'extraction au conditionnement : extraction et lavage en automne-hiver, séchage au printemps-été.

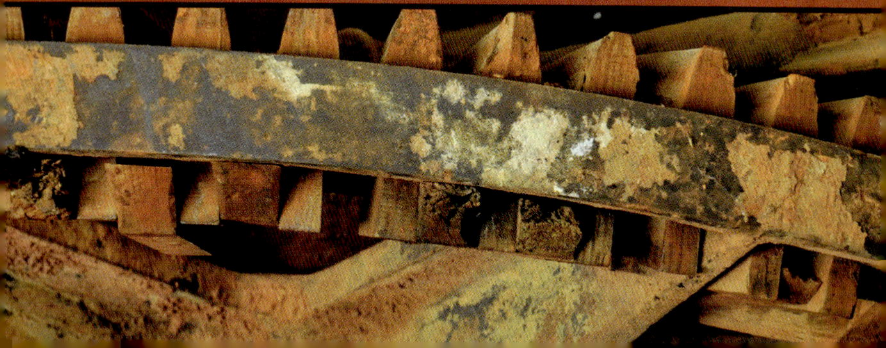

15

Il s'agit du pourcentage moyen d'ocre pure sur le massif du Luberon, le reste du minerai étant essentiellement composé de quartz et de silice. En Bourgogne, le second massif ocrier de France, les proportions sont plutôt de 60 % d'ocre pour 40 % de sable.

100

La quantité d'eau en m^3 autrefois nécessaire pour laver 30 m^3 de sable ocreux. Aujourd'hui, avec la mécanisation du processus, il en faut deux fois plus. Le recyclage de l'eau de lavage était et est toujours nécessaire pour ne pas épuiser les ressources locales.

200

C'est la quantité maximale en kilogrammes d'ocre obtenue par lavage d'1 m^3 de sables ocreux extraits sur le massif du Luberon.

40 000

La production annuelle d'ocre en Vaucluse en 1929 était de 40 000 tonnes = l'apogée de l'industrie ocrière et aussi le début du déclin : crise économique en 1929 (crash boursier), crise politique en 1939 (Seconde Guerre mondiale), crise technologique à partir de 1945 (apparition des pigments synthétiques). L'ocre ne s'en remettra pas.

Le lavage de l'ocre

Objectif de cette expérience
Comprendre, en le reproduisant, le principe de lavage des sables ocreux tel que Jean-Étienne Astier l'a découvert en 1785 et tel qu'il est toujours pratiqué aujourd'hui. L'échelle d'expérimentation change (des verres et non des bassins) mais le principe est le même.

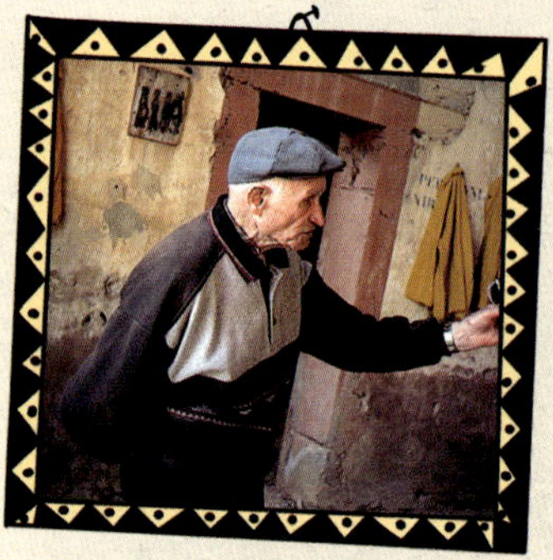

« Le laveur, c'est celui qui gagne l'argent au patron ou qui lui en bouffe. »
Élie Icard (1908-2004), contremaître de l'usine Mathieu (Roussillon) en 1942

Astuce d'ocrier
Pour savoir si tout le sable s'était bien déposé au fond des bassins et s'il pouvait ouvrir les bouchons pour ne laisser passer que l'ocre et l'eau, Élie Icard, ancien contremaître de l'usine Mathieu à Roussillon, avait pour habitude de « goûter » le mélange : si cela crissait sous la dent, c'est qu'il restait du sable et qu'il fallait attendre. En revanche, si cela ne faisait que « coller aux dents », c'est qu'il ne restait plus que de l'ocre en suspension dans l'eau et qu'il pouvait enlever les bouchons.

Lavage de la Société des ocres de France

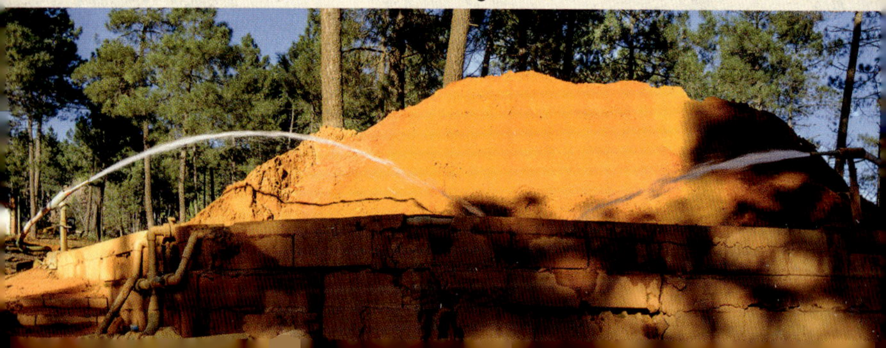

l'ocre

à faire par, pour et avec les enfants mais pas seulement…

matériel

2 verres, 1 peu d'ocre, du sable, de l'eau

âge et matériel requis

Niveau de difficulté : facile
Âge recommandé : de 5 à 105 ans

préparation

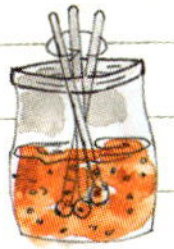

1. Dans un verre, mettre 1 cuillerée d'ocre avec 4 cuillerées de sable puis mélanger.
Ici, on reconstitue le sable ocreux tel qu'il se trouve dans la nature, car le ramassage de l'ocre est interdit lors des visites de sites à Roussillon et Rustrel.

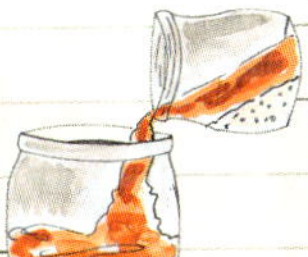

2. Laisser reposer quelques instants puis verser délicatement la partie supérieure du mélange dans un second verre.
Les grains de sable plus gros donc plus lourds tombent en premier au fond. En surface, ne restent alors que les grains d'ocre.

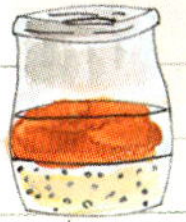

3. Poser le verre sur une surface plane et attendre une dizaine de minutes. Quand l'ocre est aussi tombée au fond, verser le surplus d'eau claire.
Même impalpable, l'ocre est composée de petits grains qui finissent toujours par se déposer au fond de l'eau.

Le lavage est maintenant terminé.
Pour utiliser l'ocre pure récupérée, la mettre à sécher au soleil puis la broyer afin d'obtenir une poudre.

Outils de l'ocrier

Lampe à acétylène

Seule source de lumière dans les galeries souterraines, elle permet aux ouvriers d'éclairer leur zone de travail. L'ombre qu'elle projette sur le fil de plomb marque également la direction dans laquelle il faut creuser.

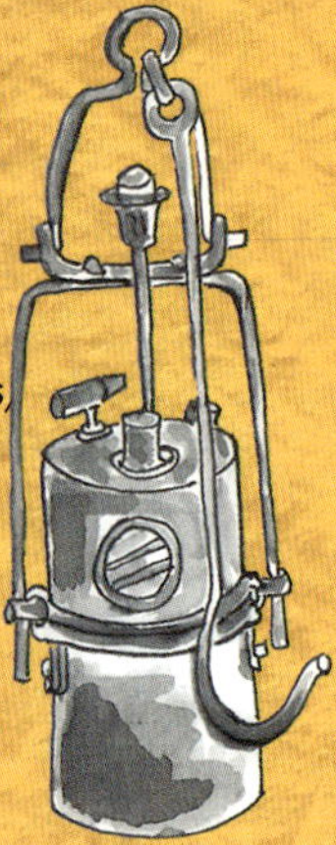

rediable en forme de cœur

Pour répartir le minerai sous l'arrivée d'eau à la décharge.

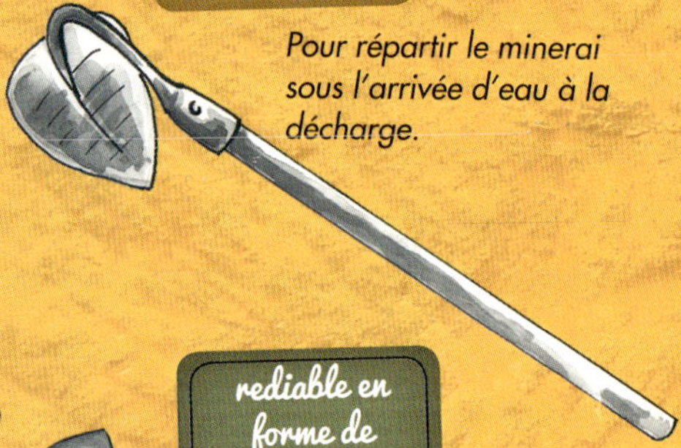

rediable en forme de raclette

Pour dégager les sables au nettoyage des bassins, après lavage.

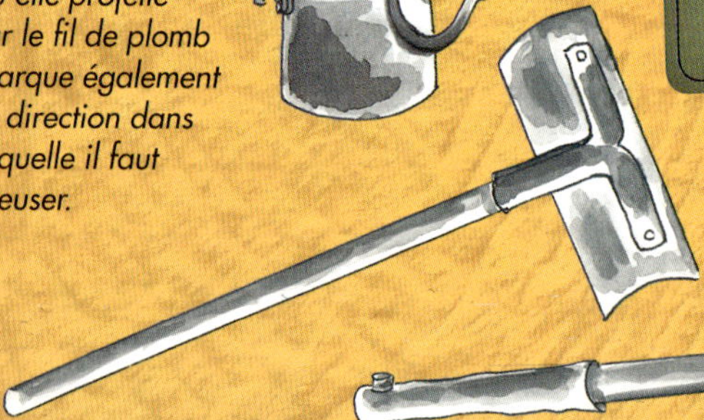

Le traîneau et la pointe

Pour carreler les bassins remplis d'ocre et dessiner ainsi des mottes de tailles régulières qui seront plus faciles à manipuler.

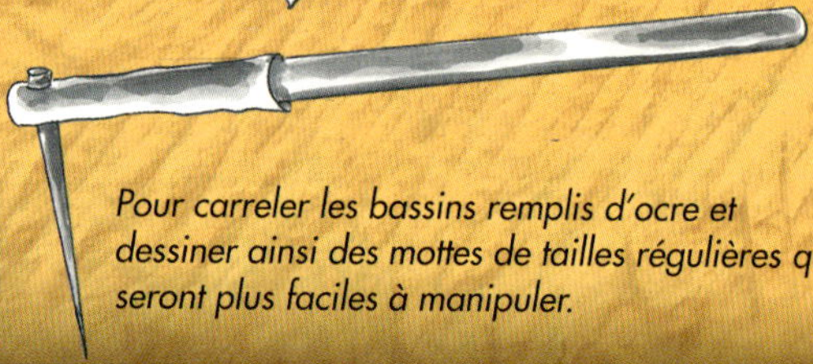

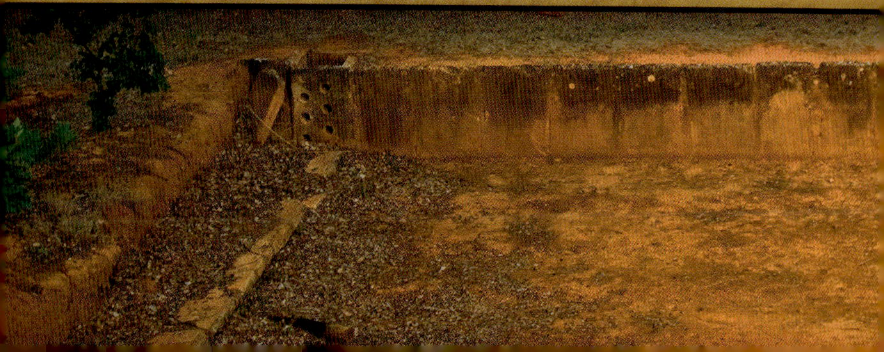

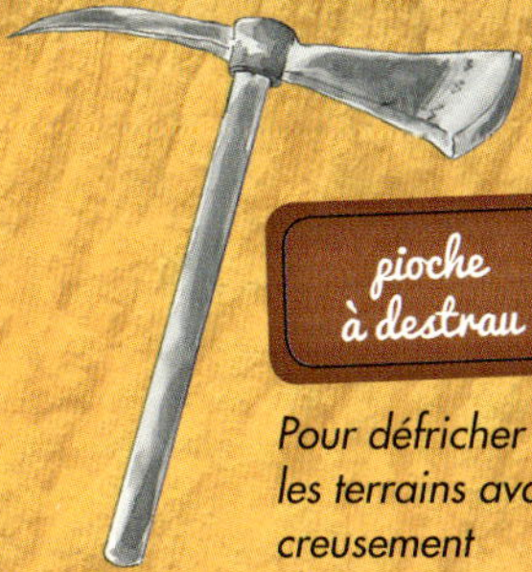

pioche à destrau

Pour défricher les terrains avant creusement des carrières et galeries.

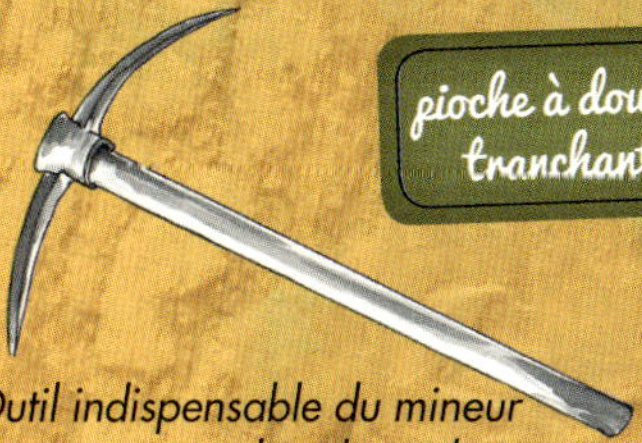

pioche à double tranchant

Outil indispensable du mineur d'avancement dans les galeries souterraines, lui permettant de creuser les voûtes.

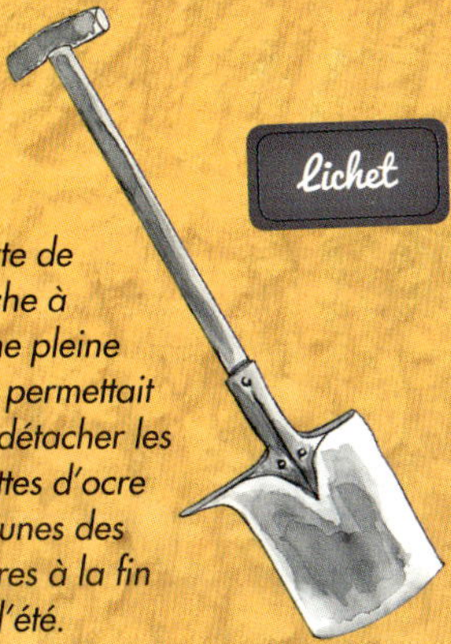

lichet

Sorte de bêche à lame pleine qui permettait de détacher les mottes d'ocre les unes des autres à la fin de l'été.

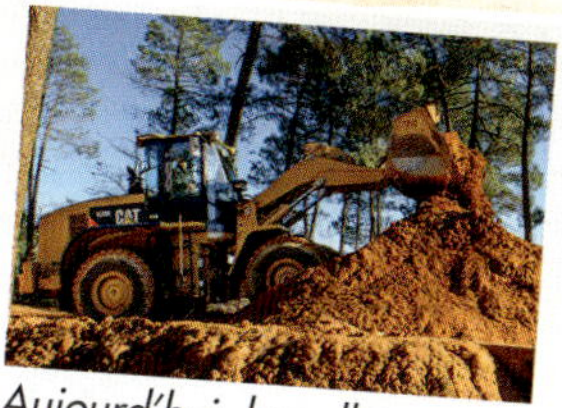

Aujourd'hui, la pelleteuse est l'outil principal de l'ocrier : pour extraire les sables ocreux dans les carrières, les transporter au lavage, récupérer l'ocre pure dans les bassins et la charger dans les camions qui l'emmèneront vers les hangars de stockage.

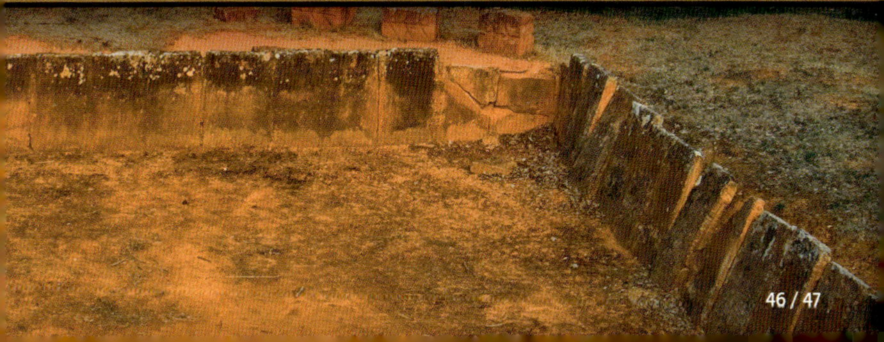

Moulins

Après avoir été lavées, séchées et si besoin transformées en rouge par cuisson, les mottes d'ocre étaient réduites en poudre dans les moulins. Autrefois conditionnée en barils de 250 kg et exportée à 98 % aux quatre coins du monde pour des usages multiples, l'ocre quitte désormais l'usine en sacs de 25 kg et colore les façades des maisons mais aussi les peintures des artistes.

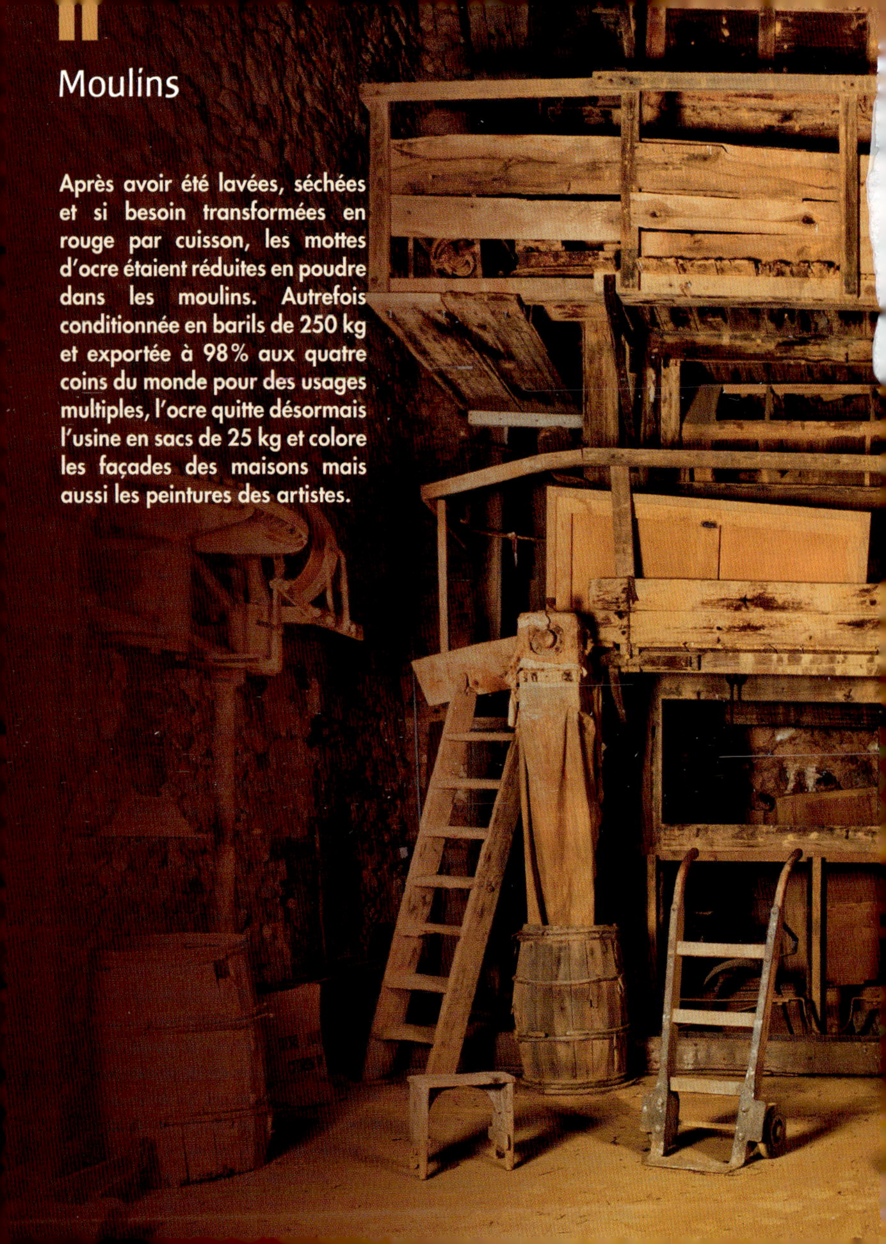

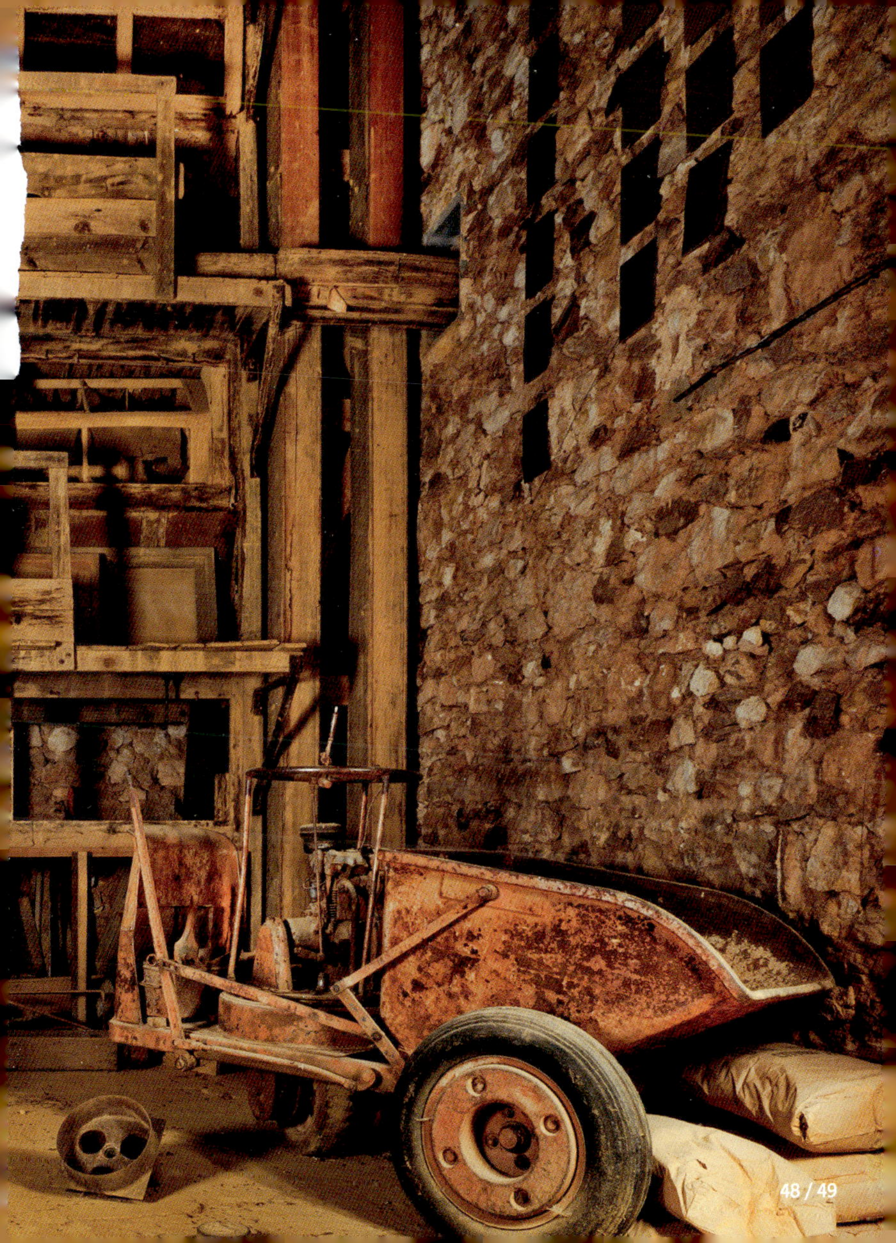

Ocriers du XXIe siècle

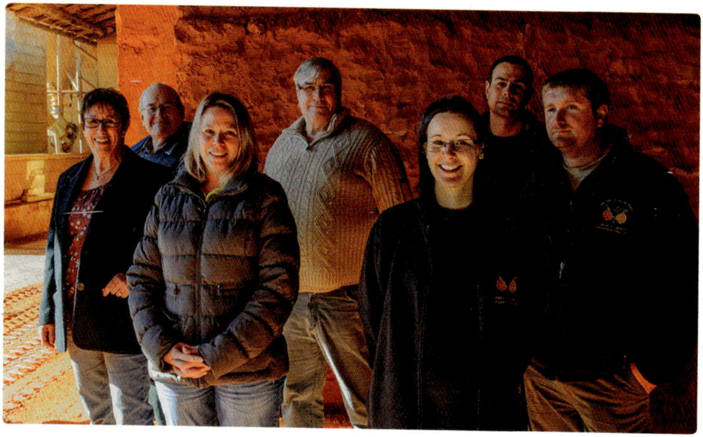

La famille Guigou

En 1974, Gilbert Guigou et ses fils, André et Jean-Paul, sont maçons. Comme d'autres en Provence, ils utilisent les ocres pour colorer les enduits et peintures des maisons qu'ils rénovent ou construisent. Soucieux des qualités inégalables de cette ressource, ils rachètent la Société des ocres de France, créée en 1901 et seule rescapée de la vingtaine d'usines qui firent la gloire du Pays d'Apt pendant près de deux siècles. Après deux ans de bataille, de reconquête du marché, de renouvellement des machines et de restauration des bâtiments de l'usine, la fabrication est relancée.

Certes la production n'atteindra plus les sommets qu'elle a connus mais aujourd'hui, l'usine :

- produit environ 800 tonnes d'ocre par an ;
- en commercialise 95 % pour le secteur du bâtiment ;
- en exporte 50 % en Afrique noire où elle continue d'être utilisée pour badigeonner les habitations ;
- emploie 9 personnes dans une entreprise à fort caractère familial.

L'usine pas à pas

Du Vaucluse à l'Afrique du Sud, quel que soit le pays et la nature des terres colorantes, la production suit toujours les mêmes étapes :

1. l'extraction en carrière à ciel ouvert ;
2. le lavage mécanisé ;
3. le séchage naturel ;
4. la cuisson et le conditionnement semi-mécanisés.

1780-1960 : l'âge d'or de l'industrie ocrière en Vaucluse

Après la découverte du procédé de lavage des sables ocreux vers 1785 par Jean-Étienne Astier, une industrie ocrière se structure en Bourgogne, premier producteur de France de 1830 à 1888 car plus accessible que le Vaucluse. Mais dès que le train dessert Apt en 1880, l'industrie de l'ocre se déplace en Vaucluse. Elle emploiera jusqu'à 1 000 ouvriers et produira jusqu'à 40 000 tonnes d'ocre en 1929, dans 70 carrières et une vingtaine d'usines.

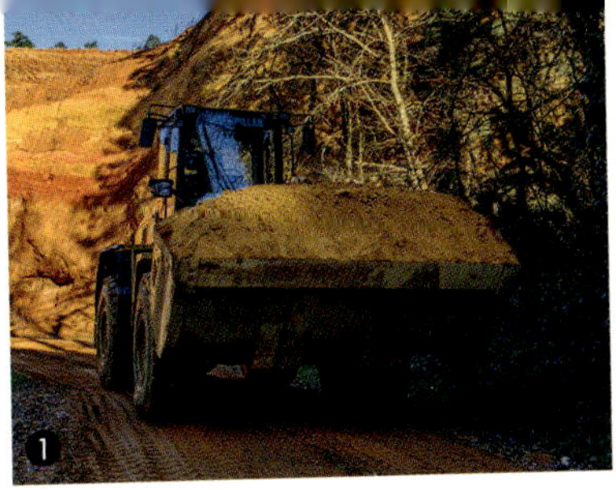
1

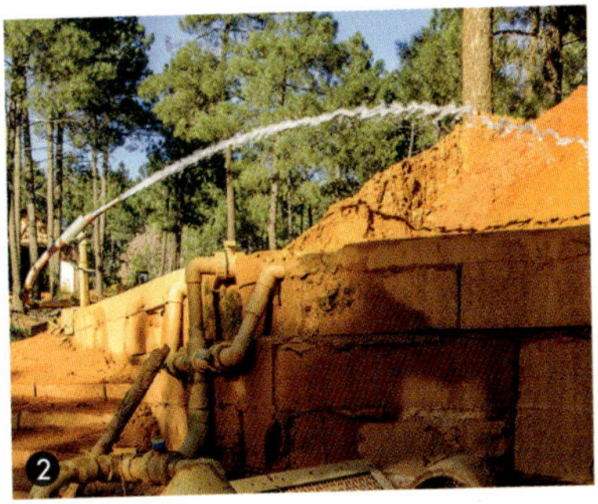
2

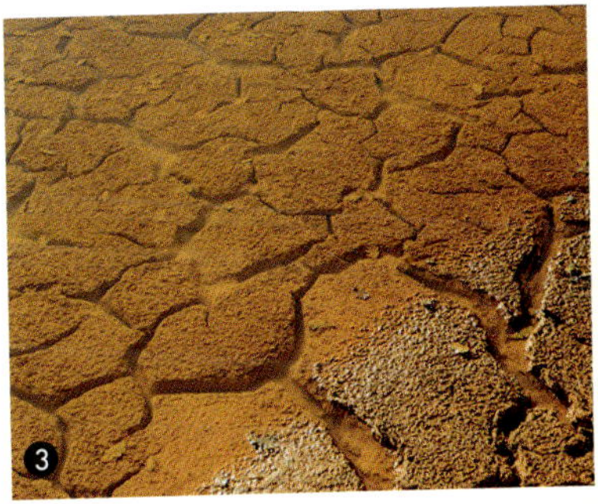
3

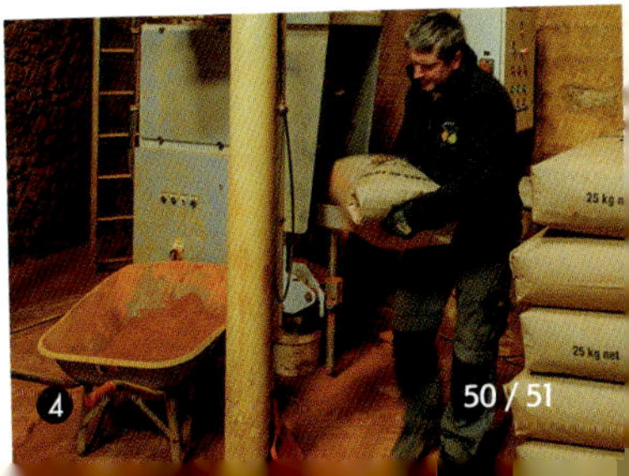
4

Le badigeon de chaux

Traditionnellement appliquée sur murs et bois, la chaux a pour propriété d'assainir et de blanchir. Ajoutez-y un peu de couleur et vous obtenez une peinture naturelle, respirante et… décorative.

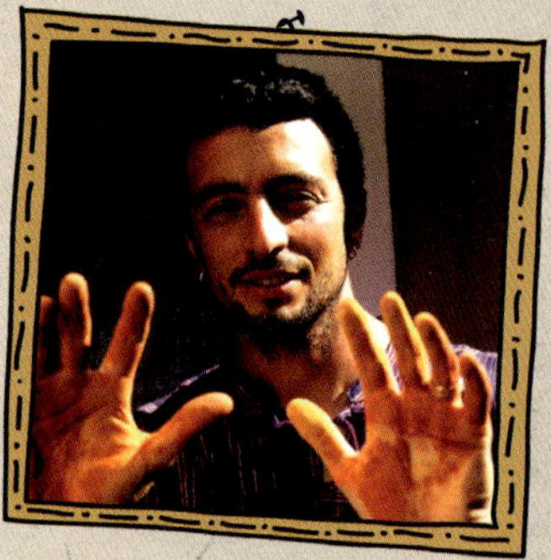

N'oubliez pas le fromage !
Dans le badigeon de chaux, en intérieur comme en extérieur, privilégier la caséine alimentaire obtenue à partir du fromage blanc offre une meilleure tenue de la couleur et une plus grande résistance du badigeon dans le temps.

Astuce : renforcer votre peinture

Pour renforcer votre peinture en couleur, vous pouvez augmenter la quantité de pigments. Dans ce cas ajoutez de la caséine comme adjuvant à votre préparation :

- mélanger 1 cuillerée à café de chaux aérienne dans 500 g de fromage blanc 0 %.
- ajouter à votre badigeon 10 à 15 % du volume de la chaux en poudre ou 20 % du volume de la chaux en pâte de cette colle de caséine (ou caséinate).

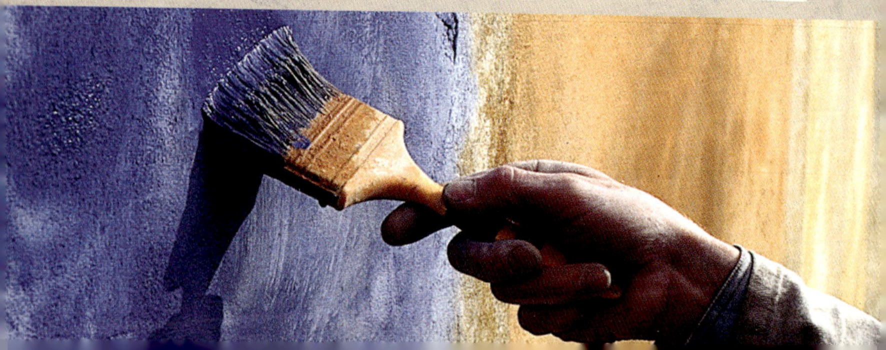

Le badigeon

une recette d'Olivier Féraud

rassembler les ingrédients

Pour 50 m^2 de peinture sur support absorbant (de type plâtre ou terre) ou 80 m^2 sur support bloqué (de type Placoplâtre) :

- 4,5 kg de chaux en pâte ou 3 kg de chaux en poudre.
- 1 kg de terre colorante maximum ou 600 g d'oxyde synthétique maximum.
- de l'eau à ajouter en fonction du support : plus le support est absorbant, plus il faudra d'eau.

préparer le support

La chaux accroche naturellement sur un mur granuleux ou sur un enduit minéral (chaux, terre). Les murs lisses du type plâtre et Placoplâtre nécessiteront une sous-couche d'accroche à base de grains de silice et de résine.

préparer la peinture

- mélanger les pigments dans un peu d'eau pour obtenir une pâte et ainsi favoriser le mélange.
- verser cette pâte dans la chaux en pâte et remuer à l'aide d'un mélangeur.
- ajouter l'eau petit à petit en remuant.

appliquer le badigeon

- humidifier le support afin de favoriser l'accroche physico-chimique du badigeon.
- remuer régulièrement.
- appliquer à l'aide d'une brosse plate et large (spalter).
- faire des « croix » ou des « huit » sans chercher la régularité.

Nuancier de badigeon

La couleur en badigeon

Pour connaître la couleur finale d'un badigeon de chaux, deux éléments sont à prendre en compte :

- la chaux qui compose une grande partie du badigeon est blanche
> la peinture obtenue sera donc nécessairement d'une couleur pastel, jusqu'à 4 fois plus claire que celle du pigment pur.

- entre le moment de l'application et celui du séchage complet, la couleur s'éclaircira beaucoup
> il ne faut donc surtout pas se fier à la première impression. Si la couleur dans le seau est trop foncée, peut-être conviendra-t-elle une fois sèche…

La saturation de la couleur

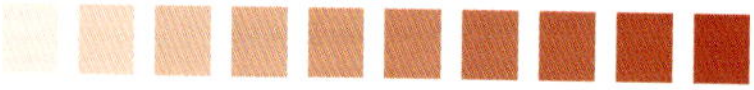

Pour qu'une peinture joue pleinement son rôle de protection du support, la proportion pigment-liant doit impérativement être respectée : 25% de terres colorantes par rapport au volume de chaux en badigeon ou 10% d'oxydes (pouvant être jusqu'à 4 fois plus colorants). Mais au-delà de cette règle et quelle que soit la technique de peinture mise en œuvre, il arrive toujours un moment où la couleur « sature » : même si on ajoutait plus de pigment, la couleur ne varierait plus.

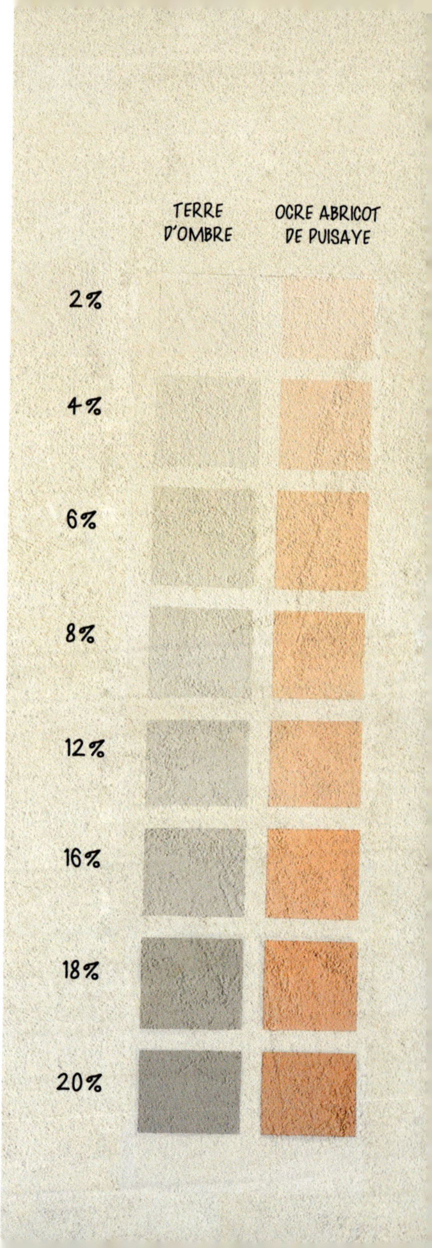

NUANCIER

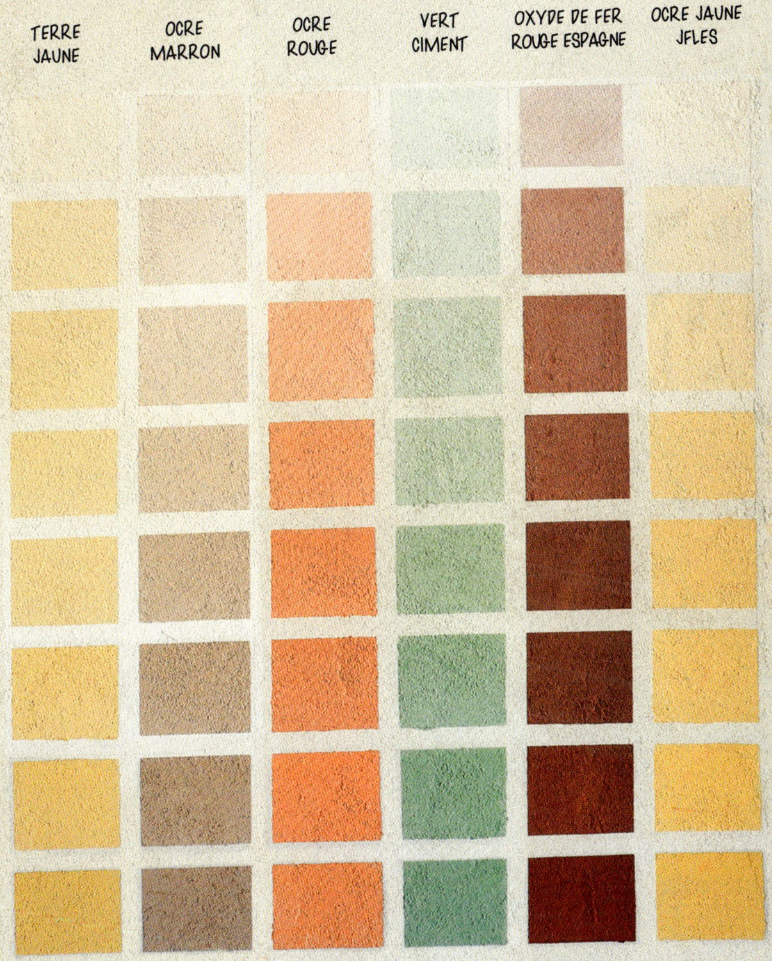
TERRE JAUNE
OCRE MARRON
OCRE ROUGE
VERT CIMENT
OXYDE DE FER ROUGE ESPAGNE
OCRE JAUNE JFLES

Les mots de l'ocre

OCRE

Dans tous les dictionnaires, « ocre » est un nom féminin qui est de plus en plus employé au masculin depuis le XIXe siècle. Selon le contexte de référence, un(e) ocre désigne soit **un colorant minéral naturel**, entrant dans la composition de peintures artistiques et décoratives, soit **une charge minérale colorante**, entrant dans la composition de nombreux produits industriels du XIXe et du début du XXe siècle, comme les linoléums, caoutchoucs naturels, papiers et cartons colorés.

OCRIFICATION

Néologisme scientifique créé par le professeur Jean-Marie Triat à la fin des années 1970 pour désigner le **processus d'altération** des grès marins par lequel les roches et minéraux sont transformés en ocre.

OCRIER

Le terme « ocrier » désigne communément ceux qui produisent de l'ocre. Ainsi Jean-Étienne Astier est considéré comme le premier ocrier du pays d'Apt. C'est lui qui aurait découvert le procédé permettant de séparer l'ocre du sable. Sont qualifiés d'ocriers aussi bien les propriétaires d'usines, de carrières ou de galeries, que les ouvriers qui travaillent dans ces mêmes lieux.

Sources : Triat, *Ocres* ; Pérégo, *Dictionnaire des matériaux du peintre* ; Rey, *Dictionnaire historique de la langue française.*

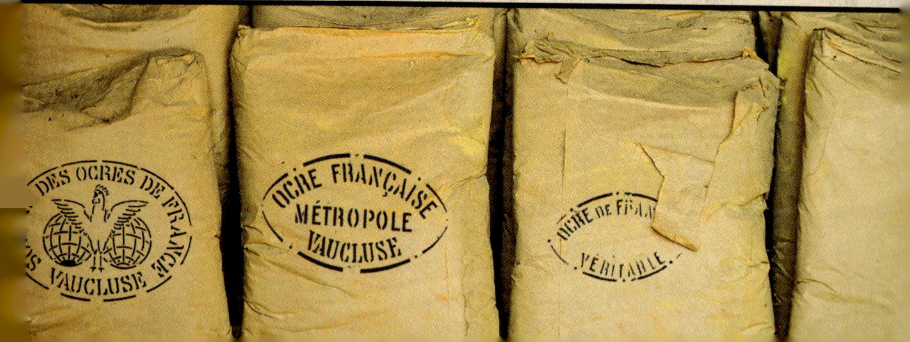

OCRER

Verbe transitif signifiant « passer à l'ocre » : peindre à l'ocre ou appliquer un enduit coloré contenant de l'ocre.

OCRÉ, OCRÉE

Ce qui est ocré est généralement de la couleur de l'ocre. Ainsi, une « maison ocrée » peut être effectivement colorée avec du pigment ocre ou simplement avoir une teinte jaune, orangée ou rouge, grâce à des colorants qui ne sont pas de l'ocre mais dont la couleur se rapproche.

OCREUX, OCREUSE

Communément employé dans l'expression « sables ocreux », cet adjectif signifie « de la nature de l'ocre ». Ainsi, à l'état naturel, on trouve des sables « de la nature de l'ocre » ou « contenant de l'ocre » et non de l'ocre pure.

OCRE (adj.)

L'adjectif, emprunté au latin *ochra* lui-même emprunté au grec *ôkhra* signifie « sorte de terre jaune ». Il qualifie une couleur instable et indéterminée, allant du jaune pâle au rouge-marron. Historiquement, le terme « ocre » s'utilisait pour parler du teint blafard, de la couleur de la bile ainsi que du jaune de l'œuf.

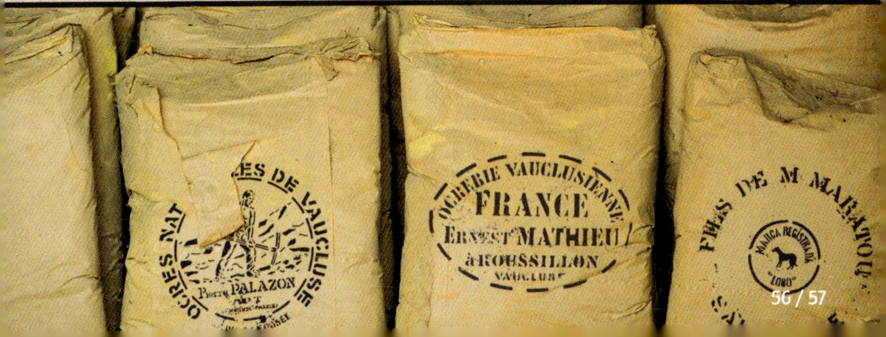

L'ocre, cette couleur…

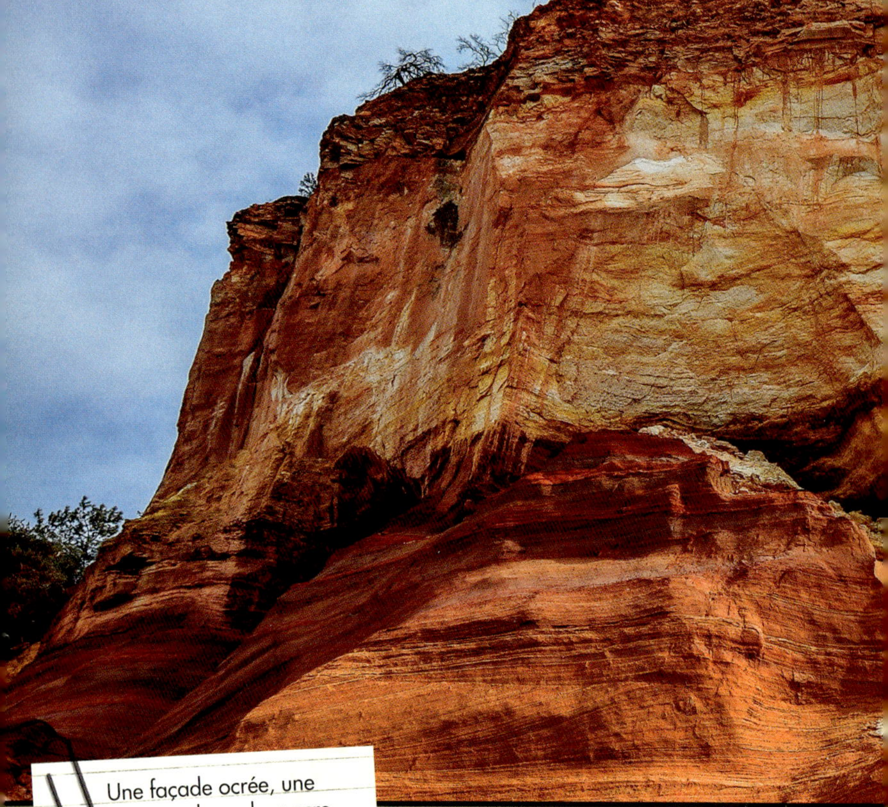

Une façade ocrée, une peinture de couleur ocre, « tirer sur l'ocre » : l'ocre est une couleur.
Mais laquelle ? **jaune… orange… rouge… brune** : l'ocre n'est en fait pas une seule couleur mais peut revêtir plusieurs teintes, du jaune clair ou rouge foncé voire violacé.

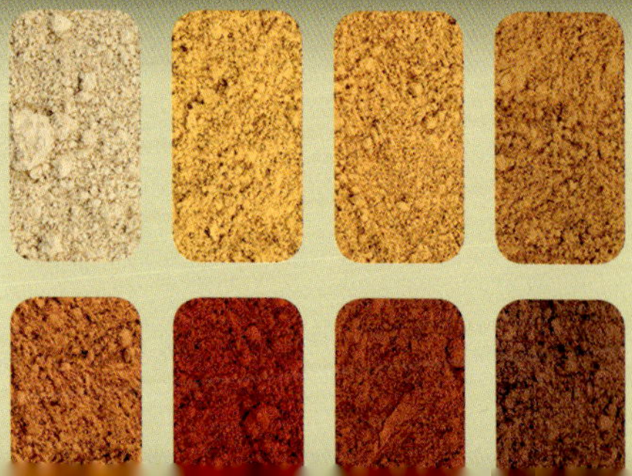

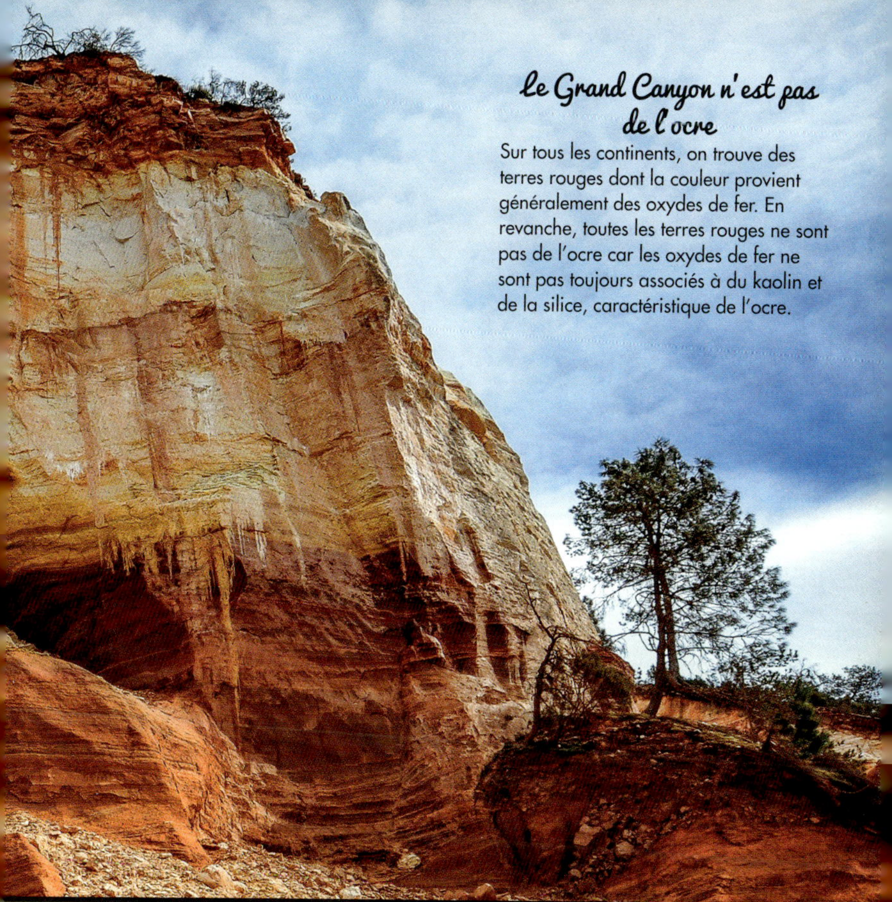

Le Grand Canyon n'est pas de l'ocre

Sur tous les continents, on trouve des terres rouges dont la couleur provient généralement des oxydes de fer. En revanche, toutes les terres rouges ne sont pas de l'ocre car les oxydes de fer ne sont pas toujours associés à du kaolin et de la silice, caractéristique de l'ocre.

Le blanc n'est plus de l'ocre

La terre blanche présente dans les massifs ocreux est de l'argile lavée de son fer donc de sa couleur. Présente en une fine couche, elle correspond à la limite de pénétration des eaux de pluies. Ce n'est donc plus de l'ocre au sens physico-chimique : argile + fer .
Cette argile est du kaolin ou de la kaolinite. Elle sert à fabriquer les porcelaines.

Le bleu n'est pas de l'ocre

Les pigments bleus à l'état naturel sont issus des minerais de cuivre : azurite et lapis lazuli. Ce sont des pierres semi-précieuses. Le pigment bleu le plus répandu est le bleu outremer, pigment de synthèse créé en 1826 par l'industriel Guimet. C'est un pigment non toxique utilisé dans un grand nombre de techniques.

Le pastel : pour mettre la main à la pâte

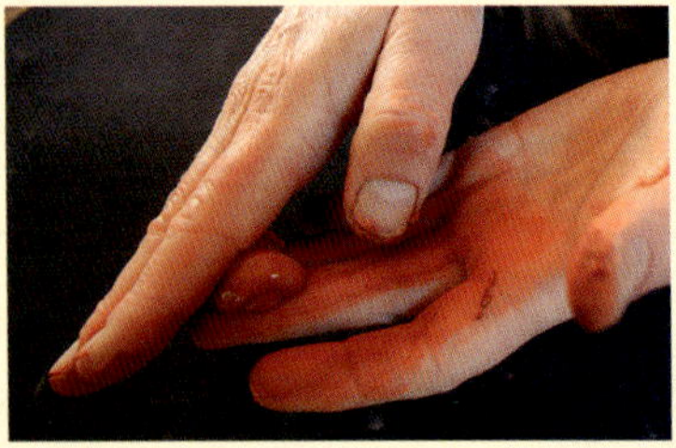

Petit, grand, rond, fin, carré, plat?
On peut donner aux pastels toutes les formes possibles. Cela dépend de leurs utilisations et est une affaire de goût : traditionnellement de forme allongée, le « bâton » de pastel peut très vite se transformer en un triangle ou un palet, au gré des humeurs et des envies de son créateur.

Pastel sec ou pastel gras ?

Entre pastel sec et pastel gras, ce qui change c'est le liant qui est utilisé :

les pastels gras
= cire d'abeille ou huile de lin, liants « gras », diluables à l'essence de térébenthine

les pastels secs
= gomme arabique (sève d'acacia), un liant diluable à l'eau

Le rendu n'est donc pas du tout le même. De plus, le pastel sec nécessitera une deuxième fixation du grain sur le papier par projection.

Le secret de la pâte
Le mot pastel provient du latin *paste,* « farine détrempée et pétrie », lui-même emprunté au grec. Depuis la fin du XVIIIe siècle, il désigne les pâtes d'Italie (petits morceaux de farine détrempées cuits dans l'eau) et nous rappelle le procédé de fabrication commun qui consiste à obtenir une pâte.

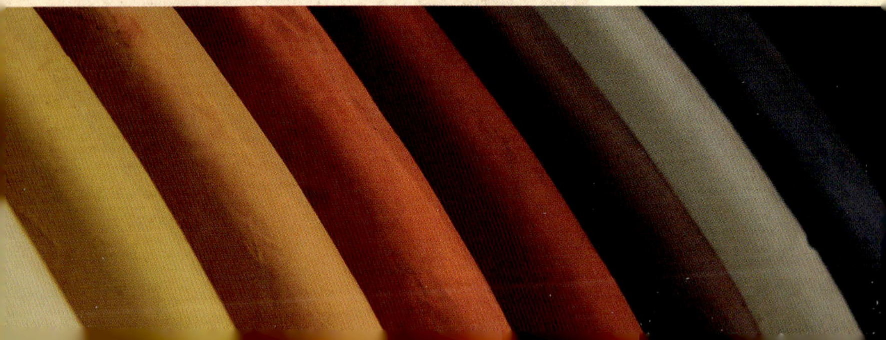

fabriquer ses pastels secs

matériel

- de l'ocre + du blanc de Meudon + de la gomme arabique liquide
- une cuillère + un verre d'eau + une assiette en plastique
- un morceau de plastique semi-rigide (type carte de téléphone)

âge requis : dès 8 ans.

préparation

1. Déposer au centre de l'assiette une cuillerée de pigment.
2. Y ajouter une quantité égale de blanc de Meudon.
3. À l'aide du morceau de plastique semi-rigide, mélanger jusqu'à obtenir une poudre de couleur homogène : on ne doit plus voir de grains blancs.
4. Ajouter de l'eau petit à petit en mélangeant bien après chaque goutte. Attention à ne pas mettre trop d'eau.
5. Lorsque la pâte est homogène et que la consistance est bonne (la pâte doit être souple, non friable et lisse), faire une boule, percer d'un petit trou et ajouter une goutte de gomme arabique liquide.
6. Refermer la pâte sur la gomme et malaxer très rapidement avec le bout des doigts.
Attention : surtout ne pas mettre trop de gomme arabique, le pastel serait dur et n'écrirait pas !
7. Entre les deux mains, former un bâton pas trop fin et le mettre à sécher à l'air sur une brique ou une table, à l'ombre.

utilisation

Une fois sec, vous pourrez l'utiliser sur différents types de papiers cartonnés et à grains. C'est à ce moment-là que vous verrez si votre dosage de gomme arabique est correct : le grain doit se déposer sur le papier !

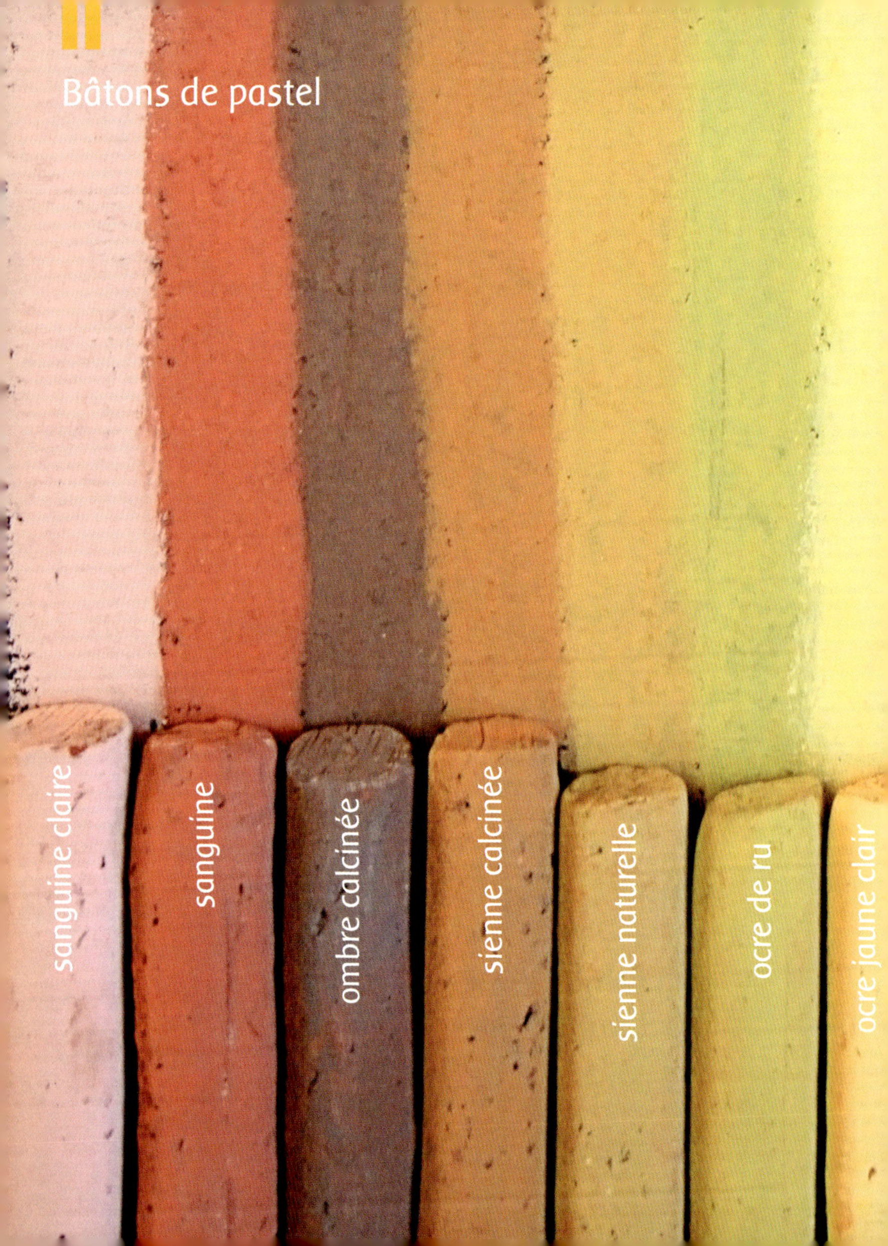
Bâtons de pastel
sanguine claire
sanguine
ombre calcinée
sienne calcinée
sienne naturelle
ocre de ru
ocre jaune clair

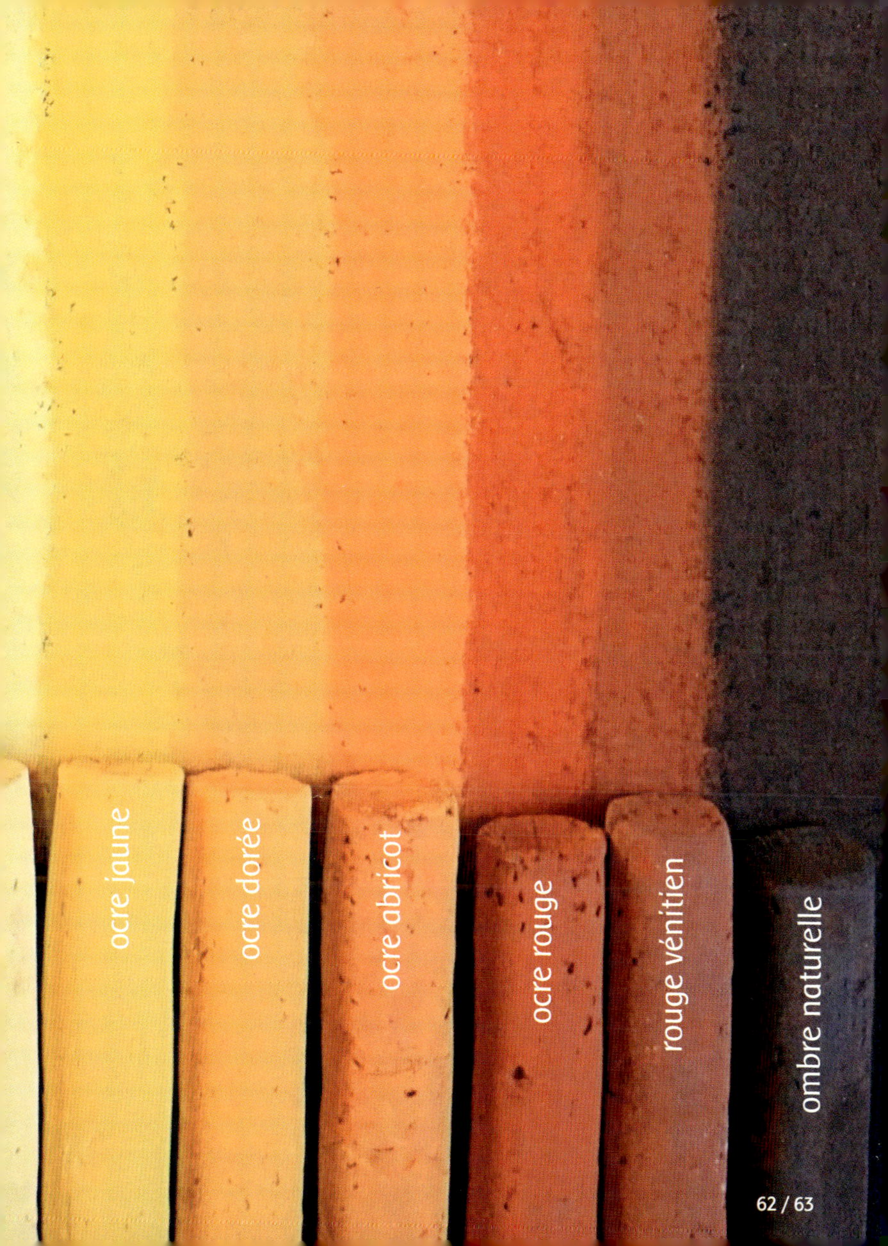
ocre jaune
ocre dorée
ocre abricot
ocre rouge
rouge vénitien
ombre naturelle

LAVEZ VOS VÊTEMENTS TACHÉS D'OCRE

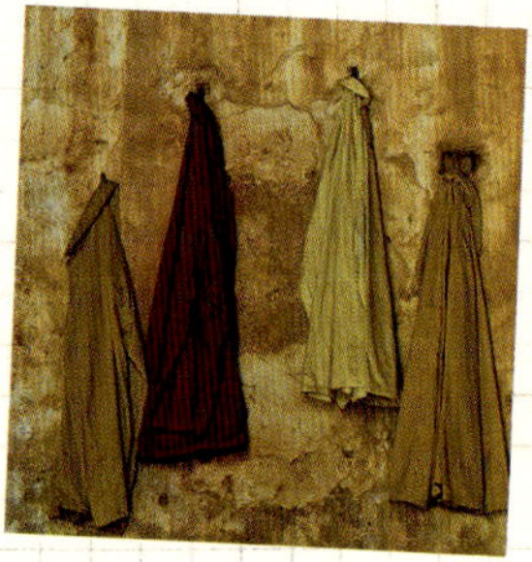

LAVER À FROID…
Lorsque vous lavez à chaud avec l'idée de mieux laver, vous ouvrez les fibres du textile et permettez aux grains d'ocre de s'incruster dans le tissu.

… ET AU SAVON DE MARSEILLE
Le savon de Marseille (ou la lessive) permettra de mettre en suspension les grains d'ocre.

UTILISEZ L'OCRE ROUGE SUR LA PEAU

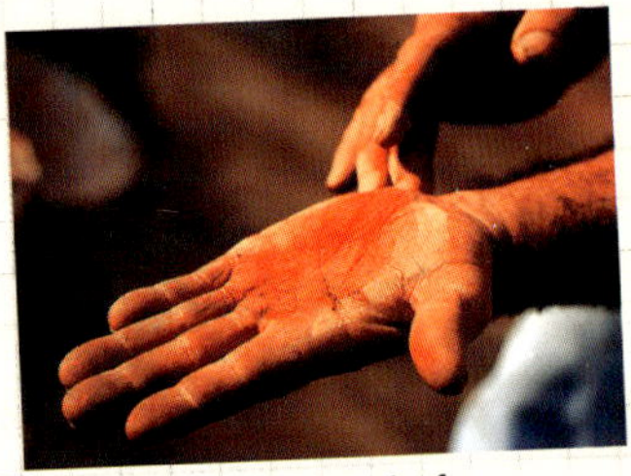

Déjà connues et utilisées par les peuples premiers, comme les Himba de Namibie, les vertus de l'ocre rouge, mélangée à des huiles et des graisses, pour la peau sont nombreuses :

- sa couleur, qui évoque celle du sang, symbole de vie, protège des rayons du soleil et est souvent considérée comme une force supplémentaire ;
- sa teneur en argile et en fer lui confère des propriétés apaisantes, absorbantes, dessicatives (absorbe le sébum lors de la transpiration) et astringentes (aide à la fermeture des pores) qui facilitent ainsi la guérison des plaies superficielles.

REHAUSSEZ LA COULEUR DE VOTRE ENDUIT

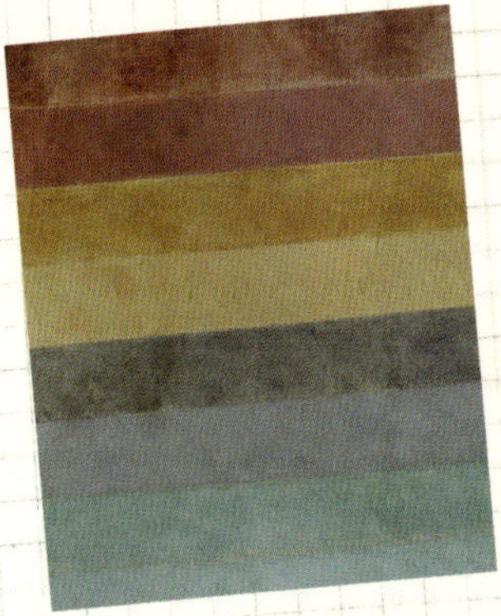

Un enduit coloré dans la masse (composé de sable + chaux + pigments) peut apparaître trop clair du fait des couleurs blanche de la chaux et grise du sable.
Pour obtenir une teinte plus soutenue, il suffit d'appliquer de l'ocre mélangée à de l'eau, au pinceau directement sur l'enduit frais.
En séchant, l'enduit de chaux produira une fine couche protectrice invisible qui fixera le pigment durablement : c'est la carbonation ou peinture « a fresco ».

PEIGNEZ VOS VOLETS EN ROUGE "SANG DE BŒUF"

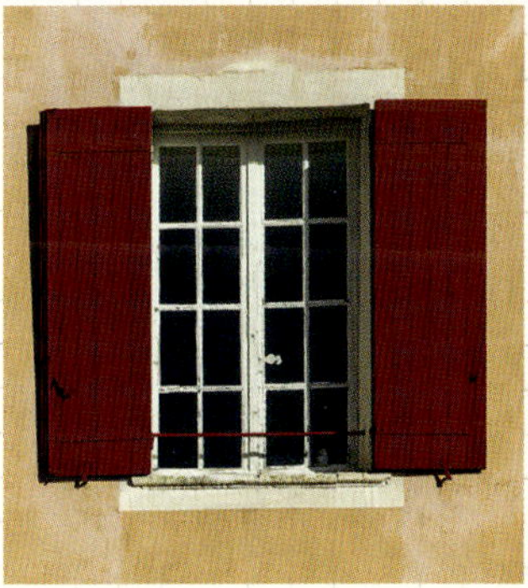

Couleur traditionnelle des volets, composée d'huile de lin et d'ocre rouge, cette peinture a un double avantage :

- L'HUILE : liant gras, nourrit et protège le bois de l'eau. Les variantes sont la cire et les émulsion huile/farine ;

- L'OCRE ROUGE : protège très bien des rayons du soleil, mieux que le jaune ou le vert. En effet, c'est la couleur qui renvoie le mieux les rayons du soleil.

La faune des ocres

Chauves-souris

Les chauves-souris : gardiennes des galeries
La tranquillité des galeries souterraines issues de l'industrie ocrière a permis aux chauves-souris de trouver refuge dans les cavités naturelles. Les forêts de mélange feuillus-résineux du massif ocrier et les haies dans les zones cultivées sont des milieux très favorables au système de guidage par ultrasons.

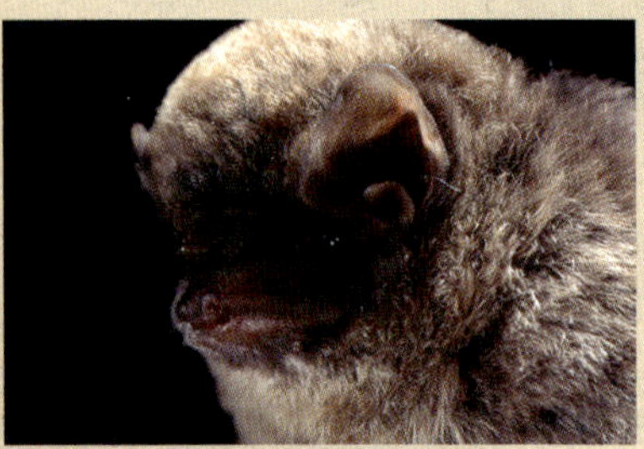

Minioptère de Schreibers

taille : 2 doigts de la main

caractéristique : pelage gris et front bombé

habitat : climat principalement méditerranéen, vit exclusivement en cavernes

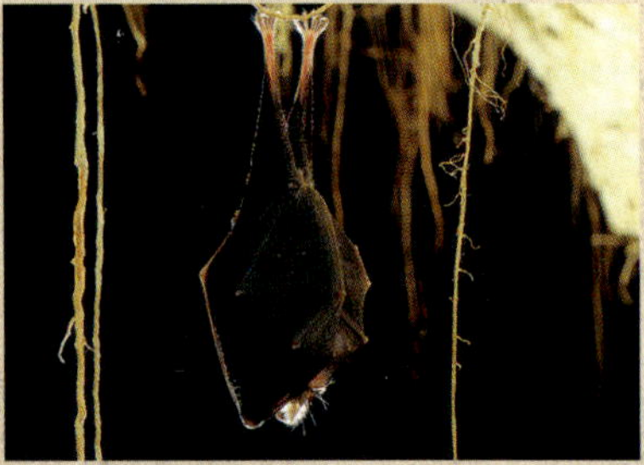

Petits et grands rhinolophes

taille : de la taille du pouce (petit) ou d'un téléphone portable (grand)

caractéristique : appendice nasal en fer à cheval

habitat : combles et caves pour la reproduction, galeries pour l'hibernation

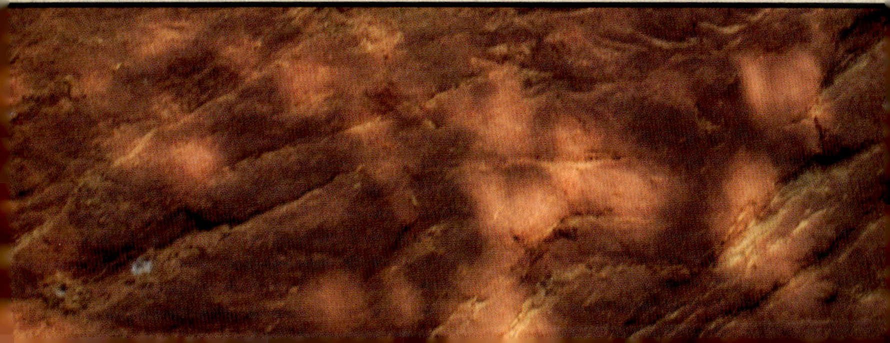

Amphibiens

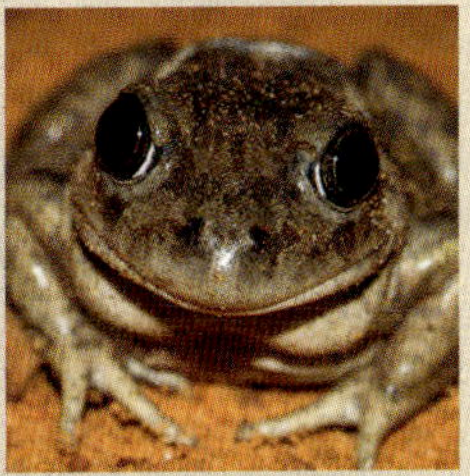

Pélobate cultripède

Aussi appelé crapaud à couteaux est une espèce d'amphibien très rare et protégée, que l'on peut rencontrer sur les massifs ocriers car les sols sont meubles : il peut s'y enfouir grâce à ses pattes arrières munies de lames cornées. Pour pondre, il a besoin de points d'eau sans poisson.

Oiseaux

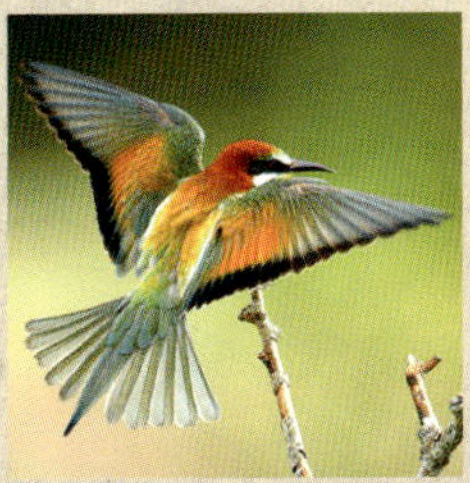

Guêpier d'europe

Ce migrateur passe l'hiver en Afrique et est présent l'été. Il est sans aucun doute l'oiseau le plus coloré de la faune ocrière. Il doit son nom à son alimentation composée exclusivement d'insectes.

envergure : 45 à 50 cm

habitat : berges sablonneuses et falaises d'éboulis où il creuse des terriers.

Blaireaux & renards

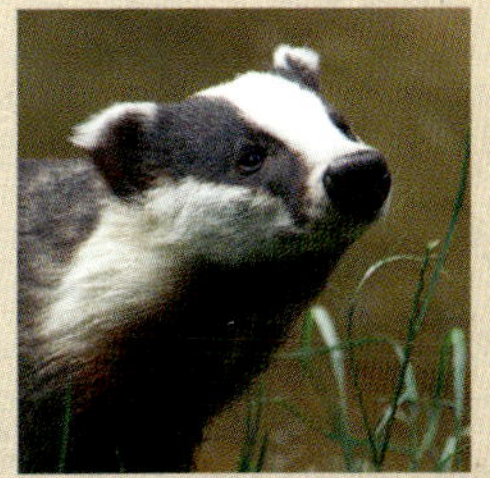

Blaireau d'Europe

teissoun en provençal

Nocturne et omnivore, il préfère les végétaux et peut même se nourrir de nids de bourdons ou même de guêpes.

Renard roux

goupil

Son pelage roux lui permet de se camoufler dans l'ocre.

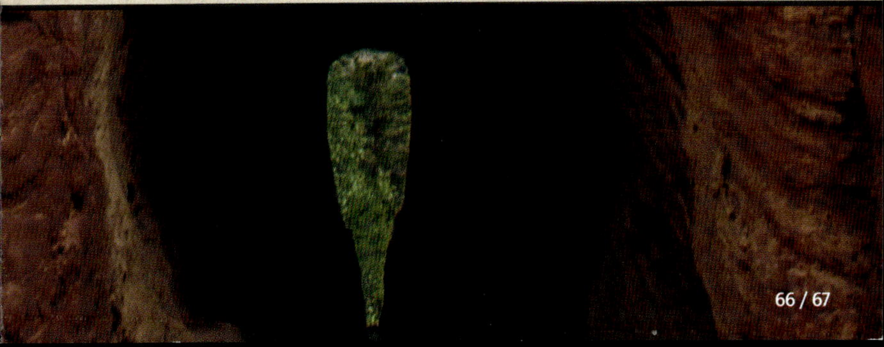

Les ocres du Luberon à 🚲

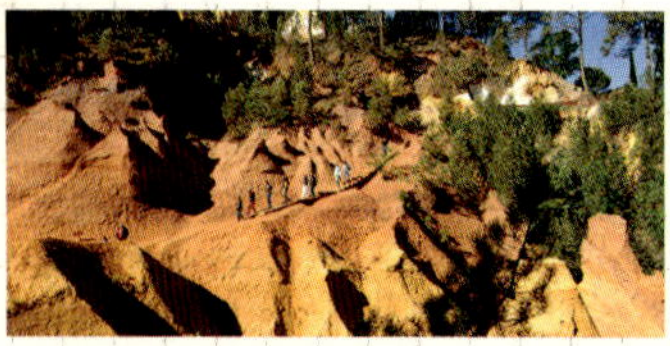

Sentier des ocres

- anciennes carrières à ciel ouvert
- ancien chemin d'Apt à Roussillon
- à découvrir le matin pour une lumière idéale
- 35-50 minutes de balade

Mines de Bruoux

- anciennes galeries souterraines
- anciennes champignonnières
- visites accompagnées uniquement (pensez à réserver)

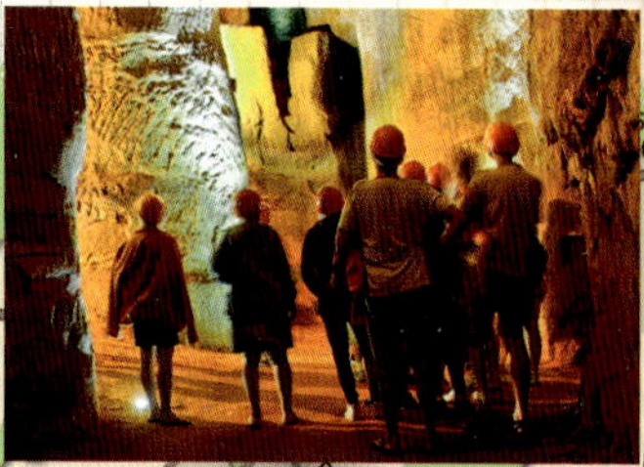

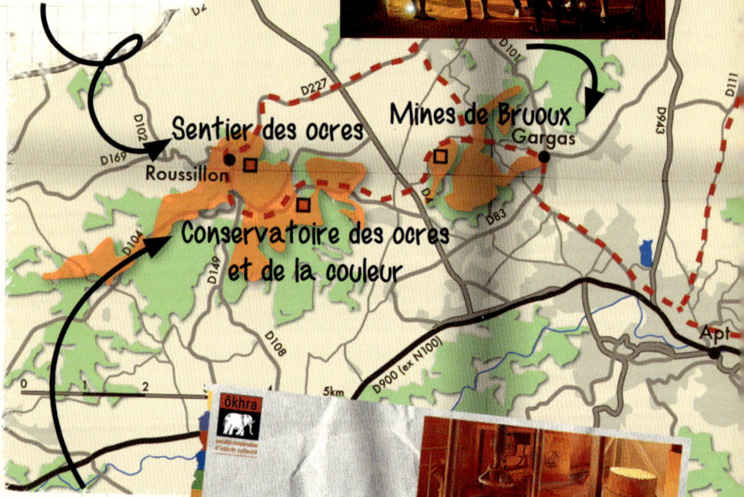

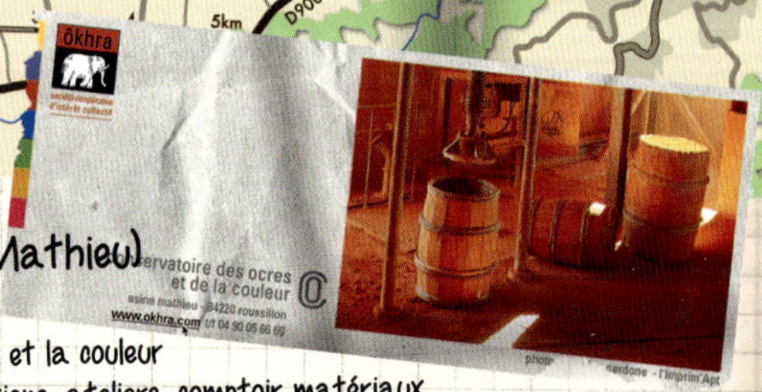

Conservatoire des ocres et de la couleur (usine Mathieu)

- usine d'ocre réhabilitée
- centre de formation sur l'ocre et la couleur
- démonstrations, expérimentations, ateliers, comptoir matériaux, librairie spécialisée
- 40 minutes à 2h de visite

Colorado provençal de Rustrel

- anciennes carrières d'ocre et de fer
- chemins de randonnées
- reproduction d'un lavage d'ocre (pensez à réserver)
- 30 minutes de balade à 4h de randonnée

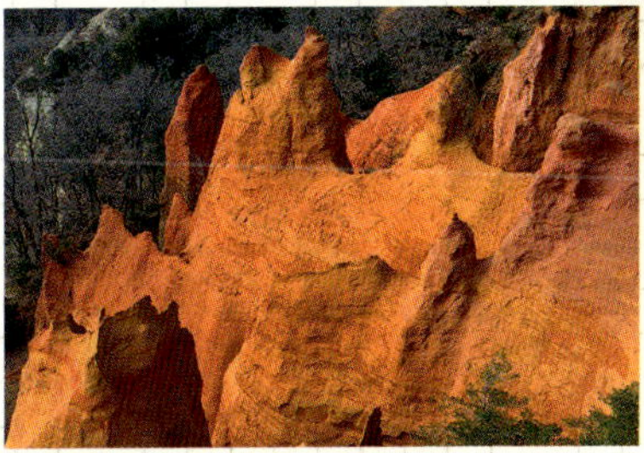

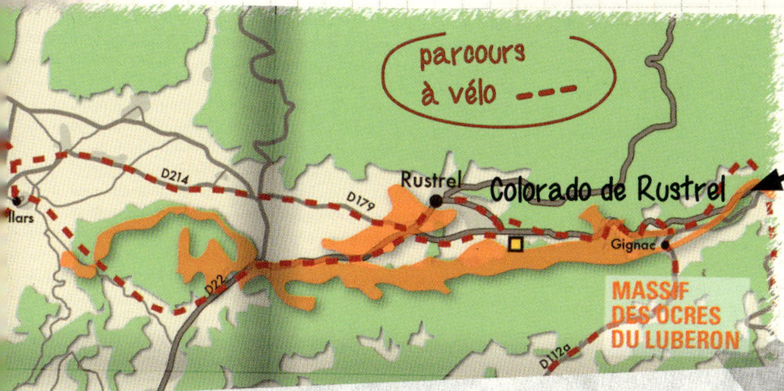

Luberon / Tourisme

Le plus grand massif d'Europe

■ **Entre la chaîne montagneuse du Luberon et les Monts de Vaucluse, s'étend un massif ocrier de 25 km de long : le plus grand d'Europe et l'un des plus grands au monde, en voie de labellisation « Grand Site de France ».**

Avec le déclin de l'industrie et la montée en puissance du tourisme, il est devenu une destination de renommée internationale et accueille chaque année près d'1 million de visiteurs venus admirer ses falaises abruptes aux teintes rougeoyantes.

L'association Vélo Loisir en Luberon et le Parc naturel régional du Luberon vous proposent de le découvrir à vélo, grâce à des itinéraires balisés et documentés.

S.M.L.

télécharger l'application

Pour aller plus loin

à visiter

- **Colorado provençal de Rustrel & lavage de Bariès** - www.colorado-provencal.com
- **Maison du Parc naturel régional du Luberon** - www.parcduluberon.fr
- **Mines de Bruoux de Gargas** www.minesdebruoux.fr
- **Musée de l'Aventure Industrielle d'Apt** www.luberon-apt.fr
- **Musée de l'ocre Saint-Georges-sur-la-Prée** - www.musee-ocre.org
- **Sentier des ocres de Roussillon** www.roussillon-provence.com
- **Usine Mathieu - Conservatoire des ocres et de la couleur** www.okhra.com

pour acheter de l'ocre

- **Conservatoire des ocres et de la couleur** www.okhra.com/shop
- **Établissements Chauvin** www.ocreschauvin.fr
- **Kremer Pigmente** www.kremer-pigmente.de/fr
- **Société des ocres de France** www.ocres-de-france.com
- **Société Dolci** www.dolcicolor.it
- **Solargil-Comptoir des ocres** www.solargil.com

structures ressources

TERRES ET COULEURS

Association Terres et couleurs
terresetcouleurs.com

Parc naturel régional du Luberon

Parc naturel régional du Luberon
parcduluberon.fr

ôkhra
société coopérative d'intérêt collectif

Coopérative ôkhra
facebook.com/okhra.couleur
okhra.com

les publications

BRAZS Jean-Pierre, **Manières de peindre**, éd. Notari, 2011
CARLI Félicien, **Les Ocres : comment et où les produit-on ?**, les cahiers de Terres et Couleurs, 2010
COCYLIMA, **Petite anthologie de l'ocre**, Équinoxe, 1999
COLLECTIF, **Ocres et couleurs du Luberon**, Collection Bibliothèque du travail, PEMF, 2002
GUILLAUME Jean-Charles, **Le Travail de l'ocre dans l'Auxerrois**, L'Armançon, 1997
LEDUC Sophie & GARDONE Catherine, **Ocres du Luberon**, Édisud, 2010
Parc naturel régional du Luberon, **Ocres et ocriers du Pays d'Apt**, Édisud, 1997
SIMONIN Francine, **Les Ocres de la belle marchandise**, ôkhra, 2000
TRIAT Jean-Marie, **Pierres utiles de Provence**, Aix-marseille université, 1982
TRIAT Jean-Marie, **Les Ocres**, CNRS éditions, 2010
TRIPARD Vincent, **Ocres et peintures décoratives de Provence**, 2001
VARICHON Anne, **Couleurs : pigments et teintures dans les mains des peuples**, Seuil, 2000
WACKER Nicolas, **La Peinture à partir du matériaux brut**, Allia, 2009 [1993]

Les crédits

Dessins : Frédérique Chaleux

Photographies : Philippe Durand Gerzaguet

Autres photographies et éléments graphiques : Catherine Gardone *p. 44 (E.Icard), p. 52 (badigeon), p. 64 (main)* ; Cécile Lindfors *p. 16 (cabanon suédois)* ; Sophie Mariot-Leduc *p. 16 (peinture) ; p. 60 (mains), pp. 62-63* ; José Nicolas *p. 52 (O.Féraud)* ; Dirk Schumacher (CC) *p. 67 (blaireau) ;* ScrappinCop *(cadre p. 34, p. 44, p. 52)* ; Tanguy Stoecklé *pp. 66-67 (chauve-souris, guêpier)*, David Tatin *p. 67 (pélobate cultripède).*

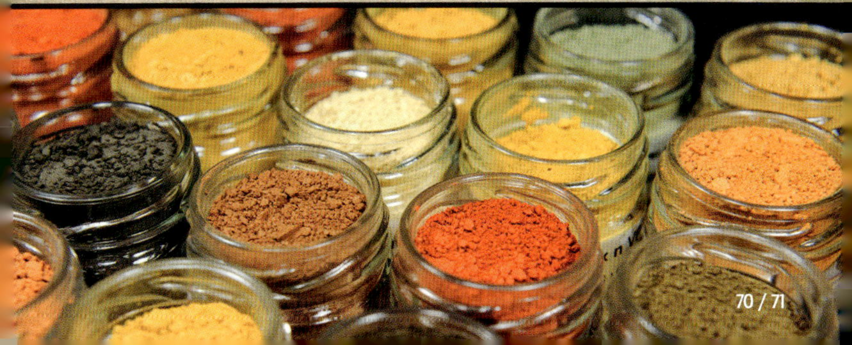

GÉOLOGIE

VOCABULAIRE ET DÉFINITIONS

RECETTES

NUANCIERS

HISTOIRES ET USAGES

INDUSTRIE

FAUNE ET FLORE